Ilka Quindeau

Sexualität

Viele Begriffe, die wir aus der Psychoanalyse kennen, blicken auf eine lange Geschichte zurück und waren zum Teil schon vor Freuds Zeit ein Thema. Einige Begriffe haben längst den Weg aus der Fachwelt hinaus in die Umgangssprache gefunden. Alle diese Begriffe stellen heute nicht nur für die Psychoanalyse, sondern auch für andere Therapieschulen zentrale Bezugspunkte dar.

Die Reihe »Analyse der Psyche und Psychotherapie« greift grundlegende Konzepte und Begrifflichkeiten der Psychoanalyse auf und thematisiert deren jeweilige Bedeutung für und ihre Verwendung in der Therapie. Jeder Band vermittelt in knapper und kompetenter Form das Basiswissen zu einem zentralen Gegenstand, indem seine historische Entwicklung nachgezeichnet und er auf dem neuesten Stand der wissenschaftlichen Diskussion erläutert wird.

Alle Autoren sind ausgewiesene Fachleute auf ihrem Gebiet und können aus ihren langjährigen Erfahrungen in Klinik, Forschung und Lehre schöpfen. Die Reihe richtet sich in erster Linie an Psychotherapeuten aller Schulen, aber auch an Studierende in Universität und Therapieausbildung.

Unter anderem sind folgende Themenschwerpunkte in Planung:
Selbstverletzung | Borderline-Störungen | Sucht | Hypochondrie | Depression | Triangulierung | Magersucht | Bindung | Übertragung/Gegenübertragung | Adoleszenz | Mentalisierung

Bereits erschienen sind:
Band 1 Mathias Hirsch: Trauma. 2011.
Band 2 Günter Gödde, Michael B. Buchholz: Unbewusstes. 2011.
Band 3 Wolfgang Berner: Perversion. 2011.
Band 4 Hans Sohni: Geschwisterdynamik. 2011.
Band 5 Joachim Küchenhoff: Psychose. 2012.
Band 6 Benigna Gerisch: Suizidalität. 2012.
Band 7 Jens L. Tiedemann: Scham. 2013.
Band 8 Ilka Quindeau: Sexualität. 2014.
Band 9 Angelika Ebrecht-Laermann: Angst. 2014.
Band 10 Hans-Dieter König: Affekte. 2014.

Band 8 **Analyse der Psyche und Psychotherapie**

Ilka Quindeau

Sexualität

Psychosozial-Verlag

Bibliografische Information der Deutschen Nationalbibliothek
Die Deutsche Nationalbibliothek verzeichnet diese Publikation in der Deutschen Nationalbibliografie; detaillierte bibliografische Daten sind im Internet über http://dnb.d-nb.de abrufbar.

3. Auflage 2025

Gesetzlich vertreten durch die persönlich haftende Gesellschaft Wirth GmbH,
Geschäftsführer: Johann Wirth
Walltorstraße 10, 35390 Gießen, Deutschland
06 41-96 99 78 0
info@psychosozial-verlag.de
www.psychosozial-verlag.de

Umschlaggestaltung: Hanspeter Ludwig, Wetzlar
Satz: Mirjam Hensel, Wetzlar
Druck und Bindung: Majuskel Medienproduktion GmbH
Elsa-Brandström-Straße 18, 35578 Wetzlar, Deutschland
Printed in Germany

ISBN 978-3-8379-2155-7 (Print)
ISBN 978-3-8379-6606-0 (E-Book-PDF)
ISSN 2943-6222 (Print)
ISSN 2943-6230 (Online)

verdampfte. Es hatte eine lange Halbwertszeit; vielleicht könnte ich es irgendwann einsetzen. Ich könnte Teile von dem benutzen, was ich zusammen mit ihm gesehen und getan hatte, könnte etwas Bösartiges, etwas Schönes, etwas Liebevolles oder etwas voller Reue daraus machen und vielleicht sogar meinen Namen daraufschreiben.

»Das, worüber Sie im Golden Onion gesprochen haben …«, sagte ich zu Nathaniel. »Über Joe und mich? Über seine Literatur und dass er am Anfang nicht so talentiert erschien?«

Bone nickte, und seine lange Hand zuckte leicht, so als verspürte er wie jeder Journalist den Impuls, nach seinem Notizbuch zu greifen. Aber er bremste sich und fuhr sich stattdessen mit der Hand durchs Haar.

»Ja«, sagte er.

»Nun, ich möchte Ihnen sagen, dass das, was Sie da angedeutet haben, nicht wahr ist.«

»Ist es nicht?« Seine Stimme klang plötzlich flacher, und er sah mich scharf an.

»Nein«, sagte ich. »Ist es nicht. Es wäre toll, wenn es so wäre«, fuhr ich fort. »Wenn ich behaupten könnte, so gut schreiben zu können.« Er sah mich an und schüttelte den Kopf. »Ich glaube, ich habe da neulich ein bisschen mit Ihnen gespielt«, sagte ich. »Das tut mir leid.«

»Oh«, sagte er und sackte in sich zusammen, zog sich in sich selbst zurück. »Ich verstehe.«

Dann zuckte er mit den Schultern, saugte die gesamte Enttäuschung auf einmal in sich auf und machte weiter. Denn auch wenn er nicht bekommen hatte, was er sich erhofft hatte, war er doch immerhin *dabei gewesen,* war in Finnland gewesen, als Castleman starb, und das war eine außerordentliche Errungenschaft, überlegte er. Die finalen Szenen würde er für sein Manuskript ausschmücken, auf Grundlage dessen, was ihm Nebenfiguren der Handlung gesagt hatten: Krankenpflegehelferinnen mit seltsamen Mützen, die Krempen wie Tortenränder hatten, eingeschüchterte Zimmermädchen; vielleicht hatte ihm der junge Arzt, der wie eine Ibsen-Figur gewirkt hatte, sogar eine physische Beschreibung von Joes letzten Momenten geliefert: der schlaffe Mund, die Machtlosigkeit eines alten Mannes mit einem schwachen Herzen.

Nathaniel Bone würde schon zurechtkommen, das sah ich; er würde immer weitermachen, immer obenauf sein, immer von irgendwo ein paar Informationen zusammenkratzen, eine Sonderbehandlung bekommen, Zugang erhalten, durch die Welt stromern können. Er brauchte eigentlich gar nichts weiter von mir, und doch standen wir hier beisammen, und aus irgendeinem Grund hatte ich das Gefühl, noch irgendetwas sagen zu müssen, bevor ich auf meinen Platz zurückkehrte.

»Hören Sie«, sagte ich, »ich helfe Ihnen gern mit dem Archiv, wenn Sie wollen. Vielleicht können Sie ein paar Briefe veröffentlichen.«

»Ja, das wäre toll«, sagte er, aber sein Ton war unverbindlich, und er dachte wahrscheinlich schon wieder an irgendetwas anderes: daran, wie seltsam und schockierend diese Reise gewesen war, oder daran, dass er seine Uhr noch auf New Yorker Zeit umstellen musste, oder an den langen, warmen Rücken einer Frau, die sich an ihn schmiegte.

»Und ich sage Ihnen noch etwas«, sagte ich.

Überall um uns herum wälzten sich Menschen auf ihren Sitzen hin und her wie Hunde in kleinen Körbchen, versuchten immer wieder aufs Neue, eine bequeme Position zu finden. Eine andere Stewardess, blond, undurchschaubar, nichtssagend, schob sich in dem engen Gang an uns vorbei, ein Gewirr aus Kopfhörern in der Hand. Das Flugzeug zitterte, machte einen kleinen Hüpfer und erhob sich noch höher über die Erde.

»Joe war ein wunderbarer Schriftsteller«, sagte ich. »Und ich werde ihn immer vermissen.«

Inhalt

Einleitung

> »Nirgends sind die Schwierigkeiten, denen sich der Arzt gegenübersieht, so groß wie auf sexuellem Gebiet. Sobald er mit irgendeinem damit in Beziehung stehenden Problem zu tun hat, kann er nicht umhin, seine eigenen Ansichten und Überzeugungen darüber zu enthüllen.«
>
> *Michael Balint* (1964, S. 306)

Mit diesen Worten beschrieb Michael Balint in seiner berühmten Supervisionsgruppe mit praktischen Ärztinnen und Ärzten, vor welchen Herausforderungen die Teilnehmenden dieser Supervisionsgruppe vor rund fünfzig Jahren gestanden hatten, wenn sie die Sexualität ihrer Patientinnen und Patienten ansprachen. So sei schon die Sondierung nach persönlichen, das heißt psychischen Problemen nicht selten auf Abneigung gestoßen und Fragen nach der Sexualität wären mit besonderem Unbehagen verbunden. Interessanterweise lassen die Ausführungen Balints offen, ob die Abneigung eher aufseiten der behandelten Personen oder der Ärztinnen und Ärzte angesiedelt war. Vermutlich haben jedoch beide daran partizipiert und sie sich gegenseitig zugeschoben. Das Unbehagen scheint bis heute geblieben zu sein, zumindest bei Ärzten und Ärztinnen. So ergab eine aktuelle Umfrage in der Schweiz (Meystre-Agustoni et al. 2011), dass 40 Prozent der Befragten in ärztlicher Behandlung noch niemals nach ihrem Sexualleben gefragt wurden und ein noch höherer Anteil zumindest angab, dies zu begrüßen.

Angesichts der gesellschaftlichen Liberalisierung und medialen Omnipräsenz des Sexuellen mag solch ein Befund zwar überraschen, doch soll es auch heute – noch oder wieder? – Psychoanalysen oder analytisch orientierte Therapien geben, in denen nicht über Sexualität gesprochen wird. Ob man nun darüber spricht oder nicht, ich glaube, dass Balint mit seiner Einschätzung nach wie vor recht hat und man nolens volens seine eigenen Ansichten und Überzeugungen darüber in Therapien immer enthüllt.

So möchte ich mit diesem Buch einladen, den eigenen Ansichten zu den Fragen des Sexuellen nachzugehen und sie in Auseinandersetzung mit dem psychoanalytischen Theoriebestand in diesem Bereich zu konturieren. Sigmund Freuds bahnbrechende Sexualtheorie bildet den Anfang einer solchen Reise, vieles ist bis heute unverändert gültig, anderes muss modifiziert und weitergedacht werden.

War die Triebtheorie etwa ursprünglich ein äußerst anspruchsvolles Konzept, wurde sie in einer problematischen Rezeptionsgeschichte nicht selten zu einem schlichten Dampfkesselmodell. Die Fortführung von Freuds Konzeptualisierung des Triebs stellt uns daher vor einige Probleme und soll mit dem Begriff des Begehrens aufgenommen und weitergeführt werden: Der *Konflikt* spielt dabei die zentrale Rolle, die polare Organisation des Begehrens, wie in der freudschen psychosexuellen Entwicklung dargestellt. Im Unterschied zur lacanschen Fassung ist dieses Begehren allerdings kein abstraktes, idealistisches Konzept, sondern unmittelbar im Körper angesiedelt. Ich folge darin Jean Laplanche, dessen Allgemeine Verführungstheorie als elaborierteste Weiterentwicklung der freudschen Triebtheorie gelten darf und der im Unterschied zu seinem Lehrer Lacan nicht nur als Intellektueller in Paris, sondern auch als Winzer im Burgund lebte, was seiner Theorie eine gewisse »Bodenhaftung« gab.

Die Allgemeine Verführungstheorie bietet ein Modell für die Entstehung des Sexuellen, das sie aus den Fängen des biologischen Instinkts löst und in eine zwischenmenschliche Situation, die Beziehung zwischen Eltern und Kind, einbettet. Auf diese Weise kann die sexuelle Entwicklungsgeschichte eines Menschen geschrieben werden, wie sie sich aus den jeweiligen Befriedigungserfahrungen entlang der oralen, analen, phallischen und genitalen Modalitäten der infantilen Sexualität ergibt. Die infantile Sexualität ist indes nicht auf das Kindesalter beschränkt, sondern stellt in ihrem »polymorph-perversen« Charakter den Grundzug der genitalen Sexualität der Erwachsenen dar. Diese bildet sich durch die Integration der inneren und äußeren Genitalien erstmalig in der Adoleszenz und entwickelt sich in der Lebensspanne im Sinne von erneuten Umschriften weiter.

Kontrovers wird im psychoanalytischen Diskurs die Frage nach einer männlichen und einer weiblichen Sexualität diskutiert. Eine geschlechtsgetrennte Sexualität steht in einiger Spannung zum Konzept der infantilen Sexualität sowie zur konstitutionellen Bisexualität, zwei Konzepte, die in neueren objektbeziehungstheoretischen Ansätzen kaum mehr vorkommen. Nicht minder kontrovers wird die Frage von Homo- und Heterosexualität aufgefasst, die beide von Freud noch als psychologisch erklärungsbedürftig bezeichnet wurden, was sich später allerdings nur noch auf die Homosexualität bezog. Heute stellt sich indes die Frage, wie sinnvoll eine solche Unterscheidung im psychoanalytischen Denken überhaupt noch ist.

Schließlich möchte ich dazu anregen, die Bedeutung des Sexuellen im therapeutischen Prozess zu beleuchten: Wie kann in analytischen und tiefenpsychologisch orientierten Behandlungen über Sexualität gesprochen werden und wie kann man sexuelle Störungen verstehen und mit ihnen umgehen? Eine besondere Rolle nimmt seit jeher in der therapeutischen Beziehung die Übertragungsliebe ein, was jener die Bezeichnung einer »erogenen Zone« eintrug. Um nicht wie einst Josef Breuer in konventionellem Entsetzen vor ihr zu fliehen oder sie geflissentlich zu übersehen, möchte ich mit diesem Buch dazu beitragen, über die eigene innere Haltung zu diesen immer wieder aufs Neue aufregenden, verstörenden und lebendigen Erfahrungen nachzudenken.

Freuds *Drei Abhandlungen* und die Triebtheorie

Mit den *Drei Abhandlungen zur Sexualtheorie* (1905d) legt Sigmund Freud vor mehr als hundert Jahren eine bahnbrechende Sexualtheorie vor, die nach wie vor eine Herausforderung sowohl für die psychoanalytische Theoriebildung als auch für die therapeutische Praxis darstellt. Diese kleine Schrift ist ein Meilenstein psychoanalytischen Denkens, kein anderes Werk hat Freud so vielen Überarbeitungen und Ergänzungen unterzogen. Er wendet sich damit gegen das herkömmliche Verständnis von menschlicher Sexualität als instinkthaftem Verhalten oder biologischem Programm und beschreibt zugleich Grundzüge einer Anthropologie. Das Begehren, das Streben nach Lust und Befriedigung, wird zu einer zentralen Antriebskraft menschlichen Handelns. Sie bezieht sich nicht nur auf sexuelle Aktivitäten im engeren Sinn, sondern liegt jeder menschlichen Tätigkeit zugrunde. Diese Antriebskraft bezeichnet Freud als Sexualtrieb oder »Libido« – ein Begriff des Sexualwissenschaftlers Albert Moll. Im Unterschied aber zu diesem fasst Freud den Trieb nicht rein biologisch, sondern als Grenzbegriff zwischen dem Körperlichen und dem Seelischen. Triebe besitzen keine inhaltliche Qualität, sondern seien als »Arbeitsanforderungen für das Seelenleben« zu verstehen (ebd., S. 67).

In der englischen Standardedition wurde der Begriff des Triebs mit »instinct« übersetzt und ist oft im Sinne eines Dampfkesselmodells missverstanden worden; nicht zuletzt daher hat er in der neueren Psychoanalyse an Bedeutung verloren. Doch handelt es sich ursprünglich um ein äußerst elaboriertes Konzept, das die Ebenen des Sozialen, des Psychischen und des Somatischen verbindet. Es lässt sich sagen, dass Freud mit seiner Sexualtheorie den Leib-Seele-Dualismus überwindet, der seit der griechischen Antike das europäisch-westliche Denken prägt. So erscheint es im Alltagsverständnis nach wie vor gängig, körperlichen Prozessen die konstitutive Bedeutung für die Sexualität zuzuschreiben. Sie werden als Grundlagen betrachtet, zu denen psychische Aktivitäten wie Phantasien hinzukommen und der menschlichen Sexualität ein spezifisches Gepräge verleihen.

Doch Freud dreht dieses Verhältnis von körperlichen und seelischen Verhältnissen um und ersetzt in seiner Sexualtheorie diesen Primat des Körperlichen durch den Primat des Psychischen, das den Körper konstituiert. Leider gelingt dieser Perspektivenwechsel nicht vollständig und so fällt Freud in seiner Argumentation immer wieder auf die traditionelle Sichtweise zurück. Zeitlebens sucht er etwa vergeblich den Ursprung der Sexualität in endogenen, somatischen Prozessen, statt das »Ursprungsdenken« gänzlich zu verwerfen. Reimut Reiche fasst die Bedeutung der *Drei Abhandlungen zur Sexualtheorie* pointiert zusammen: Freud schuf im Unterschied zu all den Standardwerken über sexuelle Einzelfragen, die um die vorletzte Jahrhundertwende entstanden, »eine allgemeine Sexualtheorie, die von der Biologie und Embryologie bis zur Soziologie der individuellen Entwicklung reicht und in deren Zentrum der unbewusste sexuelle Konflikt steht« (Reiche 2005, S. 105).

Ein erweitertes Verständnis von Sexualität ist für Sigmund Freud ein zentrales Anliegen: Sie ist weder auf das Erwachsenenalter noch auf Genitalität zu reduzieren, sondern umfasst ein weites Spektrum an Lust- und Befriedigungsmöglichkeiten – das heißt, sie besitzt einen sogenannten »polymorph-perversen« Charakter – und beginnt schon mit den ersten Lebensäußerungen eines Kindes, also mit dem Saugen. Die Bezeichnung »polymorph-pervers« mag abwertend klingen, aber Freud benutzt den Terminus »pervers« nicht in wertender Absicht, sondern allgemein – nicht nur bei der kindlichen Sexualität, sondern auch bei den sogenannten Perversionen Erwachsener – zur Beschreibung von Sexualformen, die nicht dem Ziel der Fortpflanzung dienen. Als »polymorph« werden die vielen unterschiedlichen Ausdrucksformen der kindlichen Sexualität beschrieben.

Die Annahme einer kindlichen Sexualität war in der damaligen Sexualwissenschaft nicht neu; auch Albert Moll verfasste ein Werk über *Das Sexualleben des Kindes* (1909). Allerdings erkannte er nicht die Bedeutung der prägenitalen Sexualität an, sondern beschrieb lediglich ihre genitalen Ausprägungen im Säuglingsalter (vgl. Reiche 2005). Mit der Annahme einer infantilen Sexualität spannt Freud eine Klammer vom kindlichen zum erwachsenen Verhalten. Dies eröffnet den Blick zum einen auf ein Kontinuum sexuellen Erlebens und Verhaltens und zum andern auf seine Vielgestaltigkeit. Sexualität wird nicht auf eine biologische Fortpflanzungsfunktion beschränkt, sondern äußert sich in verschiedenen, psychisch gleichwertigen Formen. Dies betrifft sowohl hetero- und homosexuelle Objektwahl als auch die sogenannten Perversionen (Letztere können in diesem Band trotz des wichtigen Zusammenhangs nicht behandelt werden, ihnen ist aber ein eigener Band in dieser Reihe gewidmet, vgl. Berner 2011).

Dieses ursprünglich breit angelegte, nicht konventionell wertende oder hierarchisierende Sexualitätskonzept, wie es sich insbesondere in der ersten der drei Abhandlungen findet, hat Freud allerdings immer wieder selbst zurückgenommen und dem damaligen Common Sense angenähert. Dabei bietet es eine Reihe von Vorteilen: Von besonderer Bedeutung erscheint mir, dass dieses Modell eine normative Hierarchisierung von sexuellem Erleben und Verhalten vermeidet. Die Möglichkeit der Konzeptualisierung von psychisch gleichwertigen sexuellen Formen erfordert ein Konzept von Sexualität, das nicht erst im Erwachsenenalter ansetzt, also mit der Pubertät und der geschlechtlichen Reifung. Denn mit dem Primat der Genitalität geht zwangsläufig ein Primat der Fortpflanzungsfunktion einher, dem andere Formen untergeordnet wären.

Unter dem Aspekt der psychischen Gleichwertigkeit lässt sich auch die Frage nach der Pathologisierung sexuellen Verhaltens und Erlebens noch einmal anders stellen: So ist – wie allgemein nach psychoanalytischem Krankheitsverständnis – nicht ein spezifisches Verhalten als pathologisch anzusehen, sondern im Wesentlichen bestimmt die Funktion, die dieses Verhalten hat, darüber, ob eine Krankheit vorliegt oder nicht. Dementsprechend kann auch die Grenze zwischen sogenanntem normalem und abweichendem oder pathologischem Verhalten nur im Einzelfall und nicht allgemein festgelegt werden.

Der nicht normative Charakter von Freuds Sexualtheorie wird in den drei Abhandlungen immer wieder spürbar. Freud vermeidet es, von Normalität zu sprechen, relativiert seine Äußerungen und setzt sie in Beziehung zu damaligen Vorstellungen.

Erste Abhandlung: Die sexuellen Abirrungen

Sigmund Freud beginnt mit der Darstellung der »sexuellen Abirrungen«. Darin zeigt sich indes kein klinisches Interesse; vielmehr versucht er, ihre Verwandtschaft mit der »normalen« Sexualität deutlich zu machen. Gleich auf der ersten Seite trifft er eine wegweisende Unterscheidung und differenziert Sexualtrieb, Sexualobjekt und Sexualziel. Zentral ist seine These, dass der Trieb unabhängig vom Objekt ist. Damit richtet er sich gegen einen bis in die Gegenwart hinein unverbrüchlich scheinenden Zusammenhang, nach dem »der Trieb das Objekt mitzubringen scheint« (Freud 1905d, S. 46): »Der eingreifendste Unterschied zwischen dem Liebesleben der Alten Welt und dem unsrigen liegt wohl darin, daß die Antike den Akzent auf den Trieb selbst, wir aber auf dessen Objekt verlegen« (ebd., S. 49).

Diese biologistische Annahme einer Verknüpfung von Trieb und Objekt findet sich häufig auch in Diskursen über Homosexualität, die das Begehren essenzialisiert, es dem »Wesen« der Person zuschreibt. Die Aufsprengung dieses Zusammenhangs ermöglicht es Freud hingegen, normative Abgrenzungen zu vermeiden. So schreibt er in einer Fußnote: »Die psychoanalytische Forschung widersetzt sich [...] dem Versuche, die Homosexuellen als eine besonders geartete Gruppe von den anderen Menschen abzutrennen« (ebd., S. 44).

Im vierten Kapitel (»Der Sexualtrieb bei den Neurotikern«) formuliert Freud eine weitere bahnbrechende These: »Die Symptome sind [...] die Sexualbetätigung der Kranken« (ebd., S. 62). Vorbereitet wird die Einsicht, dass die Neurosen auf sexuellen Triebkräften beruhen, schon in seinen früheren Arbeiten zur Hysterie (Freud 1895d, 1896c). Freud stellt in der Behandlung von hysterischen Patientinnen und Patienten fest, dass sich ihr

Sexualleben weitgehend in den neurotischen Symptomen äußert, das heißt, die Krankheitssymptome bilden einen Ersatz für sexuelle Aktivitäten. So ist die Hysterie gekennzeichnet durch ein »Gegensatzpaar von übergroßem sexuellen Bedürfnis und zu weit getriebener Sexualablehnung« (Freud 1905d, S. 63). Im Kern besagt Freud damit auch, dass die Neurose – und nicht nur die Perversion – eine »sexuelle Abirrung« darstellt (vgl. Reiche 2005).

Auf den engen Zusammenhang von Neurose und Perversion verweist auch der weitere, viel zitierte Satz: »Die Neurose ist das Negativ der Perversion« (Freud 1905d, S. 65). Anstelle von »perverser« Sexualität bilden sich neurotische Symptome aus. Die Bezeichnung »Negativ« ist in diesem Sinne ebenfalls nicht wertend gemeint, wie sie nicht selten missverstanden wird, sondern als Strukturbegriff im Verhältnis zum Positiv. Im Film oder in der Fotografie etwa stellt das Negativ einen Abdruck des Positivs dar. In diesem Verhältnis beschreibt Freud die Neurose zur Perversion und weist ihr mit den sexuellen Strebungen einen gemeinsamen Entstehungszusammenhang, dieselbe Wurzel zu.

Zweite Abhandlung: Die infantile Sexualität

Zu Beginn der zweiten Abhandlung setzt sich Freud mit der populären Einschätzung auseinander, dass der »Geschlechtstrieb [...] der Kindheit fehle und erst in der als Pubertät bezeichneten Lebensperiode erwache«, und erkennt darin einen »folgenschweren Irrtum« (1905d, S. 73). Nach wie vor werden kindliche Sexualäußerungen nicht selten übersehen. Die »infantile Amnesie«, welche die ersten Lebensjahre der Erinnerung weitgehend entzieht, trägt zur Verdrängung der kindlichen sexuellen Regungen bei. Die kindliche Sexualentwicklung weist hingegen eine »Blütezeit« im Säuglingsalter sowie im Alter von vier bis fünf Jahren auf und kehrt dann in der Pubertät wieder. Dazwischen liegt eine Zeit der Latenz, in der keine weiteren Sexualformen mehr entwickelt werden, die Sexualität aber gleichwohl weiterhin bedeutsam ist. Dieser Ansatz einer »zweizeitigen Sexualentwicklung« ist von besonderer Bedeutung: »Sie scheint eine der Bedingungen für die Eignung des Menschen zur Entwicklung einer höheren

Kultur, aber auch für seine Neigung zur Neurose zu enthalten« (ebd., S. 136).

Die Sexualentwicklung erfolgt durch Anlehnung des Triebs an vitale Körperbedürfnisse: zunächst an das Saugen, danach an die Ausscheidungsvorgänge. Die Sexualität macht sich davon wieder unabhängig und differenziert sich aus. Freud beschreibt dies mit den psychosexuellen Entwicklungsphasen: der Oralität, Analität, Phallizität und Genitalität (siehe dazu ausführlich das Kapitel zu den Variationen des Sexuellen). Interessanterweise fehlt in den *Drei Abhandlungen* der später zentrale Begriff des Ödipuskonflikts, er wird erst in einer Fußnote von 1920 hinzugefügt (ebd., S. 127).

In entwicklungspsychologischen Lehrbüchern werden die psychosexuellen Entwicklungen oft irrtümlich in einer sehr vereinfachten Weise im Sinne einer Phasenlehre dargestellt. Diese Phasenlehre wird dann häufig von denselben Autorinnen und Autoren als unzutreffend und vereinfacht kritisiert. Wichtig ist jedoch, dass es bei der psychosexuellen Entwicklung nur am Rande um beobachtbare Phasen geht. Sie stellt keine Zeitachse in der Entwicklung dar, sondern beschreibt Lust- und Befriedigungsmodalitäten. Diese bilden sich entlang der vitalen Körperbedürfnisse und entstehen im Zuge bestimmter Entwicklungsaufgaben. Sie lösen sich dann aber wieder davon und bestehen lebenslang in bewusster oder unbewusster Form weiter. Dies wird als »Anlehnungsprinzip« bezeichnet.

Nach Freud weist die infantile Sexualität drei Charakteristika auf: Sie »entsteht in *Anlehnung* an eine der lebenswichtigen Körperfunktionen, sie kennt noch kein Sexualobjekt, ist *autoerotisch*, und ihr Sexualziel steht unter der Herrschaft einer *erogenen Zone*« (ebd., S. 83; Hervorhebungen im Original).

Der Aspekt des Autoerotismus erscheint im freudschen Werk widersprüchlich, denn in der dritten Abhandlung formuliert er geradezu das Gegenteil: »Als die anfänglichste Sexualbefriedigung noch mit der Nahrungsaufnahme verbunden war, hatte der Sexualtrieb ein Sexualobjekt außerhalb des eigenen Körpers in der Mutterbrust« (ebd., S. 123). Danach kommt Freud auf die folgenreiche These: »Nicht ohne Grund ist das Saugen des Kindes an der Brust der Mutter vorbildlich für jede Liebesbeziehung geworden. Die Objektfindung ist eigentlich eine Wiederfindung«

(ebd., S. 124). Diese Einsicht stellt den Autoerotismus infrage und bereitet die Grundlage für die sogenannte Allgemeine Verführungstheorie von Jean Laplanche, die die Sexualität von Anfang an in einer sozialen Beziehung ansiedelt.

Das dritte Charakteristikum der infantilen Sexualäußerungen, dass sie unter der Herrschaft einer erogenen Zone stehen, werde ich später unter dem Aspekt der Entstehung des Sexuellen ausführlich behandeln.

Dritte Abhandlung: Die Umgestaltungen der Pubertät

In diesem Abschnitt seines Buches unternimmt Freud den Versuch, die Sexualität der Erwachsenen aus dem Umweg über die sexuellen Abirrungen und die infantile Sexualität hervorgehen zu lassen. Nach Reimut Reiche ist ihm dies »in einem einzigen, großartigen Wurf gelungen. Es wird wohl auf der Welt nie wieder eine Entwicklungspsychologie geben, die auf sieben Seiten [...] das gesamte Feld des Sexuellen abschreitet« (Reiche 2005, S. 110f.).

Mit der Pubertät treten Veränderungen ein, die das infantile Sexualleben in seine endgültige, erwachsene Form überführen: Während der Sexualtrieb bislang vorwiegend autoerotisch ist, findet er nun ein Objekt. Die erogenen Zonen ordnen sich dem Primat der Genitalzone unter, die Partialtriebe werden zu einem neuen Sexualziel zusammengefasst. Dieses weist den beiden Geschlechtern unterschiedliche Funktionen zu, bei der Frau trete – nach Freud – sogar eine Art »Rückbildung« in der Sexualentwicklung ein. Beim Mann bestehe das neue Sexualziel in der Entladung der Geschlechtsprodukte, das frühere Sexualziel – die Erreichung von Lust – wird an diesen Endakt des Sexualvorgangs geknüpft: »Der Sexualvorgang stellt sich jetzt in den Dienst der Fortpflanzungsfunktion; er wird sozusagen altruistisch« (Freud 1905d, S. 108).

Mit dem Primat des Genitalen geht nach Freud nicht nur eine Unterscheidung in männliche und weibliche Sexualität, sondern auch eine Differenzierung verschiedener Arten von Lust einher, der Vorlust und der Endlust. Die erogenen Körperzonen erhielten in diesem Zusammenhang die neue Funktion, die Vorlust herbeizuführen. Sie ermögliche die größere Befriedigungslust, die durch die Herausbeförderung der Geschlechtsstoffe entstehe. Diese Differenzierung führt zu einer Hierarchisierung verschiedener Sexualformen; im Vergleich zum Koitus gibt es nach dieser Sichtweise »minderwertigere« Formen, die nur einen geringeren Beitrag zum Lustgewinn leisten können.

Mit dieser Konzeptualisierung, dem Primat des Genitalen im Dienste der Fortpflanzung, zeichnet Freud ein höchst konventionelles Bild der erwachsenen Sexualität, das sich deutlich von der Vielfalt und Ungerichtetheit der infantilen Sexualität abgrenzt. Im Verlauf der Adoleszenzentwicklung wird dann konzeptionell sowohl die Vorherrschaft der Heterosexualität wieder zurückgewonnen als auch die Geschlechterpolarität und -hierarchie etabliert. So äußert Freud die Ansicht, dass »erst in der Pubertät sich die scharfe Sonderung des männlichen und weiblichen Charakters herstellt, ein Gegensatz, der dann wie kein anderer die Lebensgestaltung der Menschen entscheidend beeinflusst« (ebd., 120).

Beispielhaft für die Rückkehr zu konventionellen Sichtweisen, die Freud mit seiner Theorie erkennen lässt, sei zudem die Beschreibung der weiblichen Sexualentwicklung als »Rückbildung« genannt: Damit ist eine »neuerliche Verdrängungswelle« gemeint, die sich auf die »Klitorissexualität« – als Stück männlichen Sexuallebens – bezieht. Bei der erwachsenen Frau hingegen habe die Klitoris nur noch die Funktion, die Sexualerregung an die Vagina weiterzuleiten; sie könne »wie ein Span Kienholz benützt werden [...], das härtere Brennholz in Brand zu setzen« (ebd., S. 122). Die Frau wechselt somit nach Freud während der Pubertät auch die sexuelle Leitzone, während der Mann seine Leitzone von Kindheit an beibehält.

Im weiteren Verlauf der *Drei Abhandlungen* lesen wir zu manchen Aspekten ergänzende oder auch relativierende Darstellungen, die der Tendenz zur Konventionalisierung der Sexualität auch wieder entgegenstehen. So wird beiläufig als neues Sexualziel des Mannes »das Eindringen in eine die Genitalzone erregende Körperhöhle« (ebd., S. 123) genannt, eine Formulierung, die den Vorrang des heterosexuellen Koitus wieder zurücknimmt, indem sie auch Oral- oder Analverkehr mit einbezieht. Auch die – bereits problematisierte – These vom Autoerotismus der infantilen Sexualität wird tendenziell wieder zurückgenommen mit der Bemerkung, dass der Geschlechtstrieb erst nach dem Verlust der Mutterbrust autoerotisch wird und die Objektfindung »eigentlich eine ›Wiederfindung‹« ist (ebd.).

Da es, so Freud, naheliegt, die Sexualobjekte der frühen Kindheit wieder aufzugreifen, ist durch den Aufschub der sexuellen Reife die Zeit gewonnen, um die »Inzestschranke« aufzurichten, »jene moralischen Vorschriften in sich aufzunehmen, welche die geliebten Personen der Kindheit als Blutsverwandte ausdrücklich von der Objektwahl ausschließen« (ebd., S. 126f.). Dieses Inzesttabu ist nach Freud im Wesentlichen eine gesellschaftliche Forderung. In psychoanalytischen Behandlungen lässt sich hingegen erkennen, »wie intensiv noch der einzelne in seinen Entwicklungszeiten mit der Inzestversuchung ringt und wie häufig er sie in Phantasien und selbst in der Realität übertritt« (ebd., S. 127, Fußnote). Von zentraler Bedeutung ist dabei allerdings die Unterscheidung von Phantasie und Realität. Auch für Freud steht die massive traumatisierende Bedeutung des realen Inzests in der Eltern-Kind-Beziehung außer Frage.

Die Übertretung der Inzestschranke unter Geschwistern ist dagegen bis heute weitgehend tabuisiert. Obwohl sexuelle Geschwisterbeziehungen, die auch den Koitus einschließen und zumeist, wenn auch nicht ausschließlich, in der Adoleszenz auftreten, immer wieder in Psychotherapien berichtet werden, gibt es kaum Veröffentlichungen zu diesem Problem.

Nach Freud vollzieht sich die Objektwahl in der Pubertät zunächst auf der Ebene der Phantasien, also in Vorstellungen, die nicht zur Ausführung bestimmt sind. Diese Phantasien knüpfen an die bereits in der Kindheit wieder aufgegebene, infantile Genitalerforschung an und können ganz oder zumindest teilweise unbewusst gehalten werden. Freud hält sie für sehr wichtig, weil sie Formen herstellen, in denen die verdrängten Libidokomponenten ihre Befriedigung finden. Dazu gehören die »Urphantasien«, universelle, oft stereotype Phantasien, die vom Erleben des Einzelnen weitgehend unabhängig auftreten und von der Belauschung des elterlichen Geschlechtsverkehrs, der frühen Verführung durch geliebte Personen, der Kastrationsdrohung und dem Verweilen im Mutterleib handeln.

In diesen Phantasien treten die infantilen Neigungen nun mit Nachdruck durch die körperlichen Veränderungen verstärkt wieder auf, in der Regel in der positiven ödipalen Konstellation. In der Überwindung und Verwerfung der inzestuösen Phantasien und der damit einhergehenden Ablösung von der Autorität der Eltern sieht Freud eine der bedeutsamsten, aber auch schmerzhaftesten psychischen Leistungen der Pubertät. Sie ermöglicht die für den Kulturfortschritt so wichtige Abgrenzung der Generationen voneinander (ebd., S. 128).

Die mangelnde Loslösung von den Eltern und die Beibehaltung der inzestuösen Objektwahl sind dagegen die Ursache für mannigfaltige psychische Symptome und Erkrankungen. Doch auch ohne inzestuöse Fixierung bleibt diese frühe Objektwahl wirksam. Während die erste ernsthafte Verliebtheit des Knaben häufig einer reiferen Frau und die des Mädchens einem älteren Mann gilt, geht die weitere Objektwahl in »freierer Anlehnung« an diese Vorbilder vor sich. Eine besondere Rolle spielen dabei die unbewussten Erinnerungsbilder der frühesten Kindheit. Im Kapitel zu den Variationen werde ich diese weiterführende Überlegung im Zusammenhang mit aktuellen psychoanalytischen Konzeptualisierungen der Objektwahl noch einmal aufgreifen.

Die freudsche Triebtheorie

Im Mittelpunkt der freudschen Psychoanalyse steht das Triebkonzept; zu Recht sieht Wolfgang Mertens darin die Grundlage der gesamten Theorie (Mertens 1998). Gleichwohl gilt es in den letzten Jahren zunehmend als veraltet und überholt; aber dieser Bedeutungsverlust zeitigt gravierende problematische Folgen sowohl für die psychoanalytische Theoriebildung als auch für die therapeutische Praxis, da er am Fundament dieser Theorie rührt (vgl. Quindeau/Sigusch 2005).

Freud entwickelte seinen Triebbegriff in Auseinandersetzung mit der Frage nach der menschlichen Sexualität. Im Laufe der Jahre baute er dieses Konzept zu einer Triebtheorie aus und überarbeitete es vielfach. Aber diese Überarbeitungen führen immer weiter vom Sexuellen weg. In den *Drei Abhandlungen zur Sexualtheorie* kommt dies prägnant in folgender Einfügung aus dem Jahr 1924 zum Ausdruck: »Die Trieblehre ist das bedeutsamste, aber auch das unfertigste Stück der psychoanalytischen Theorie« (Freud 1905d, S. 68).

Mit dieser Triebtheorie stellt Freud einen grundlegenden Sachverhalt heraus: Das Begehren ist von Grund auf konflikthaft angelegt und dem bewussten Zugriff weitgehend entzogen. Die Konfliktlinien verlaufen zwischen dem Bewusstsein und dem Unbewussten, aber auch innerhalb des Unbewussten und zwischen den einzelnen Subjekten. Der Konflikt ist somit unvermeidlich in die psychische Struktur eingeschrieben und keine Störung oder Abweichung, wie in anderen psychologischen oder psychotherapeutischen Theorien behauptet wird. Wie bedeutsam der Konfliktbegriff für die psychoanalytische Theoriebildung ist, kann man an entwicklungspsychologischen Konzeptualisierungen wie der psychosexuellen Entwicklung aufzeigen, was ich weiter unten noch genauer tun werde.

Im Laufe der psychosexuellen Entwicklung erwirbt das Kind verschiedene Modalitäten der Befriedigung(ssuche), die jeweils polar, also als Gegensatzpaar von Aktivität und Passivität organisiert sind. Diese Wünsche sind an grundlegende Körperprozesse und -erfahrungen gebunden und werden verschiedenen Körperzonen zugeordnet:

- die Befriedigungsmodalitäten der Oralität (mit dem Gegensatzpaar von »Einverleiben, Verschlingen« und »Verschlungenwerden«),
- der Analität (mit dem Gegensatzpaar von »Festhalten« und »Loslassen«),
- der Phallizität/Genitalität (mit dem Gegensatzpaar von »Eindringen« und »Aufnehmen«).

Aus dieser Polarität der Befriedigungsmodalitäten erwachsen seelische Konflikte. Unvereinbar sind dabei zum einen die gleichzeitige aktive wie passive Ausrichtung der Wünsche: Man kann zum Beispiel nicht gleichzeitig festhalten und loslassen oder sowohl eindringen als auch aufnehmen. Zum andern sind die Wünsche häufig auch in ihrer Richtung einander entgegengesetzt, etwa beim gleichzeitigen Auftreten des (oralen) Wunsches nach Verschmelzung und des (analen) Wunsches nach Abgrenzung oder Individuation.

Diese Konflikte haben eine doppelte Repräsentation: Sie sind einerseits intrapsychisch verortet und manifestieren sich andererseits in Objektbeziehungen. Besonders sichtbar werden sie im Bereich des sexuellen Verhaltens und Erlebens, woraus sich dessen seismographische Funktion ergibt. In der Regel werden die Konflikte durch psychische Abwehrleistungen bewältigt. Eine funktionierende Abwehr ermöglicht ein breites Spektrum an Befriedigungsmodalitäten. Nur im Krisenfall, etwa bei psychischer Krankheit, ist dieses Spektrum eingeschränkt; der Wunsch erfährt eine Entstellung im Symptom. Diese Entstellungen des Begehrens sucht die psychoanalytische Therapie zu bearbeiten, um die Vielfalt der Befriedigungsmodalitäten wieder verfügbar zu machen. So steht am Ende einer analytischen Behandlung als Ziel auch weniger eine gefällige Identitätskonstruktion als vielmehr eine erhöhte Ambiguitätstoleranz sowie die Einsicht, dass die Widersprüchlichkeit des Begehrens nie aufzulösen ist.

Die Entstehung des Sexuellen

Die Frage nach dem Ursprung der Sexualität ist nicht nur theoretisch bedeutsam, sondern auch von großer praktischer therapeutischer Relevanz. Wie bei anderen Säugetieren auch stellt die Sexualität beim Menschen einen Teil der biologischen Grundausstattung dar, der die Reproduktion der Art gewährleistet. Mit einer Reduzierung auf diesen Aspekt ist die menschliche Sexualität allerdings nicht nur weit unterbestimmt, sondern wird in ihrem Kern verfehlt, denn es geht im Wesentlichen nicht um Fortpflanzung, sondern um Lust und Begehren. So werden die biologischen Anlagen von den sozialen Erfahrungen im Verlauf der Lebensgeschichte überformt und besitzen keinen davon unabhängigen Einfluss auf das Verhalten und Erleben des Menschen. Im Unterschied etwa zur Verhaltensbiologie oder Genforschung misst die Psychoanalyse daher der sozialen Dimension die zentrale verhaltensformende Bedeutung zu.

Warum ist es wichtig, sich mit der Frage nach der Entstehung der Sexualität zu befassen? Mit dieser Frage werden grundlegende anthropologische Grundannahmen angesprochen und gesellschaftliche Normvorstellungen fundiert. Wenn man Sexualität als genetisches Programm auffasst, sind damit unvermeidlich bestimmte normative Setzungen verbunden: Ob man dies will oder nicht, wird das Verhalten an der genetischen Funktion der Reproduktion gemessen, was zwangsläufig die Heteronormativität nach sich zieht. Damit sind der heterosexuelle Koitus die Norm und andere sexuelle Formen das Abweichende. Zwar wird in einer sexuell freizügigen Gesellschaft Homosexualität nicht mehr als Krankheit aufgefasst, aber vielerorts nach wie vor mit einer narzisstischen Persönlichkeitsstruktur in Verbindung gebracht. Um der unterschiedlichen Wertigkeit und Hierarchisierung der Sexualität entgegenzuwirken, die mit ihrer biologischen, anlagebedingten Fundierung einhergeht, soll in einer psychoanalytischen Sexualtheorie ein besonderes Augenmerk auf ihre sozialen Entstehungsbedingungen gelegt werden.

Bereits Sigmund Freud sieht die Mutter als erste Verführerin des Kindes. Durch die Körperpflege ruft sie beim Säugling Lustempfindungen am Genitale hervor (Freud 1933a). Allerdings führt er diesen Gedanken nicht weiter. Jean Laplanche greift diesen Aspekt auf und sieht die menschliche Sexualität als vollständig strukturiert durch etwas von außen Kommendes: durch die Beziehung der Eltern und deren sexuelles Begehren. Auf dieser Grundgegebenheit baut er seine Allgemeine Verführungstheorie auf (Laplanche/Pontalis 1972).

Die Universalität der Verführung – Desideratus ergo sum

Jean Laplanche konzipiert die Allgemeine Verführungstheorie (1988, 2011) als Strukturmodell, um die Entwicklung des Psychischen, der psychischen Struktur zu erklären. Mit dem Begriff bezieht er sich auf Sigmund Freud, der eine Verführungstheorie zur Erklärung der Hysterie entwickelte, sie dann aber als unzutreffend verwarf (vgl. Quindeau 2004). Die Begrifflichkeit ist allerdings verwirrend, denn es geht bei Laplanche keineswegs um einen sexuellen Übergriff, sondern unter »Verführung« wird vielmehr eine universelle sozialisatorische Situation gefasst. Dieser Verführungsbegriff meint somit etwas ganz anderes als einen sexuellen Missbrauch.

Mit dem Begriff der Verführung möchte Laplanche deutlich machen, dass sich das Begehren des Kindes nicht von innen heraus – endogen, als biologische Anlage – entwickelt, sondern von außen kommt: Es entsteht aus dem Begehren der Eltern, die sich dem Kind zuwenden. Die sexuelle Dimension ist ein unvermeidlicher Teil dieser Zuwendung, er ist den Eltern zumeist unbewusst. Darin besteht ein wichtiger Unterschied zum Missbrauch, denn dieser zielt ganz bewusst auf sexuelle Erregung mit dem Kind ab. Als Grundmuster für die frühe Beziehung eines Kindes zu Erwachsenen strebt die Verführung nicht nach Erregung, sondern bildet die Voraussetzung, aus der sich die psychische Struktur des Kindes im Allgemeinen und das sexuelle Begehren im Besonderen entwickelt. Den Ursprung menschlicher Sexualität sehe ich persönlich demnach im Wesentlichen in einer sozialen Situation.

Diese These widerspricht keineswegs einer genetischen Ausstattung des Menschen, die auch Organe zur Fortpflanzung vorsieht. Doch erklären solche Theorien, die die Sexualität vorrangig von ihrer biologischen Funktion her begreifen, nicht das entscheidende Kennzeichen menschlicher Sexualität: die Unabhängigkeit sexueller Erregung von sinnlicher Wahrnehmung. Die Erregung kann nicht nur durch unmittelbare körperliche Berührung oder visuelle, auditive oder olfaktorische Eindrücke, sondern ebenso durch Erinnerungen und Phantasien ausgelöst werden. Diese sexuell erregenden Phantasien entstehen in sozialen Interaktionen, wobei Introjektions- und Identifizierungsprozesse eine wichtige Rolle spielen.

Der Begriff der Verführung bringt den Primat des Anderen in der Entwicklung des Subjekts zur Geltung. Er beschreibt kein Verhalten, sondern die universelle Struktur der Beziehung eines Kindes zu einem Erwachsenen. Diese Beziehung ist durch eine grundlegende Asymmetrie gekennzeichnet: Hier begegnen sich ein Kind, dessen psychische Struktur sich gerade erst entwickelt, und ein erwachsener Mensch mit einer bereits ausgebildeten psychischen Struktur. Laplanche legt den Fokus seiner Theorie nun auf diese fundamentale und folgenreiche Differenz von Kind und Erwachsenem und fragt nach den Konsequenzen, die sich daraus für die menschliche Entwicklung ergeben.

Diese Sichtweise ist zunächst irritierend, weil sie die Richtung des gewohnten Blicks auf die Eltern-Kind-Beziehung umkehrt. So wird einerseits die kindliche Entwicklung üblicherweise aus der Perspektive des Kindes als Subjekt dieser Entwicklung betrachtet. Das Paradigma der modernen Entwicklungspsychologie kann man in Anlehnung an führende Fachvertreter mit der berühmten Formulierung vom Kind »als Gestalter seiner eigenen Entwicklung« (»producer of his own development« im Sinne von Richard Lerner) umreißen (Oerter/Montada 1982).

Problematisch ist daran, dass dies eine Autonomie des Subjekts suggeriert und die Abhängigkeit vom Anderen verleugnet. Andererseits wird die Eltern-Kind-Beziehung im Wesentlichen als Interaktion konzipiert, als Beziehung von im Prinzip gleichen PartnerInnen, die sich gegenseitig beeinflussen. Betont wird mit dieser Perspektive folglich die Gleichheit und nicht die Differenz von Erwachsenem und Kind.

Die Betonung der Autonomie in der Betrachtung des Kindes trat in der Entwicklungspsychologie vor rund dreißig Jahren ein und prägt inzwischen auch das Alltagsverständnis: »Während lange Zeit sozusagen selbstverständlich das Verhalten der Eltern als Bedingung, das Verhalten der Kinder als Folge interpretiert wurde, trifft man in jüngerer Zeit häufiger auch die umgekehrte Betrachtungsweise (das Kind als Verursacher des Elternverhaltens) oder auch die Analyse der Interaktion eines Eltern-Kind-Systems« (ebd., S. 22).

Dieser Linie folgt die Entwicklungspsychologie bis heute, insbesondere die Säuglingsforschung mit Konzepten wie dem »kompetenten Säugling« (etwa Dornes 1993). Während Säuglinge noch vor einigen Jahrzehnten als mehr oder weniger passive Wesen betrachtet wurden, die in den ersten Monaten kaum etwas anderes täten als schlafen und Nahrung aufnehmen und dementsprechend auch außer emotionaler Zuwendung nur wenig brauchten, was über die elementaren Pflegehandlungen hinausgeht, gelten Kinder heute vom ersten Lebensmoment an als aktiv, neugierig, kommunikativ und kompetent; sie wollen die Welt erkunden und veranlassen die Erwachsenen, sich gemäß ihren Wünschen und Bedürfnissen zu verhalten.

Auch wenn sich all diese Verhaltensweisen zweifellos bei Säuglingen beobachten lassen, liest sich diese Aufzählung mit wenigen Änderungen doch fast wie eine Stellenbeschreibung für Führungskräfte. Die Ideale der modernen Gesellschaft gehen projektiv in die Bilder einer frühen Kindheit ein. Selbstbestimmung und Autonomie sind derzeit offenbar konstitutiv für das abendländische Selbstverständnis und prägen somit zumindest tendenziell auch die Vorstellungen vom Säugling.

Dieser Sichtweise setzt Jean Laplanche einen differenztheoretischen Ansatz entgegen und hebt die Asymmetrie in der Beziehung von Kind und Erwachsenem hervor; er fokussiert die

Struktur der Beziehung und nicht das interaktive, wechselseitige Verhalten der Beteiligten. Damit vertritt er eine andere Position als die heute in der Entwicklungspsychologie übliche und betrachtet das Kind nicht als »Gestalter seiner Entwicklung« im geläufigen Sinne des modernen autonomen Subjekts, sondern als strukturell dem Anderen unterworfen (als Subjekt im wörtlichen Sinne von »sub-iectum«). Die menschliche Entwicklung, die Entwicklung der Sexualität, wird damit nicht vom Ich aus, sondern vom Anderen, Fremden, Unverfügbaren her konzipiert. Diese Blickrichtung – der Primat des Anderen – entspricht dem zentralen Anliegen einer Psychoanalyse, die das Handeln und Erleben im Wesentlichen vom Unbewussten, also dem Ich nicht Zugänglichen und Unverfügbaren, bestimmt sieht.

Jean Laplanche beschreibt die anthropologische Situation als »Urverführung«; sie setzt mit dem Augenblick der Geburt ein, indem der Säugling mit der Welt der Erwachsenen konfrontiert wird, und das heißt insbesondere mit dem unbewussten – sexuellen – Begehren der Erwachsenen: »Aber diese Erwachsenenwelt ist keine objektive Welt, die das Kind zu entdecken und zu erfahren hätte, so wie es lernt zu laufen oder die Dinge zu handhaben. Die Welt ist durch (linguistische oder bloß semiologische, das heißt prä- oder paralinguistische) Botschaften gekennzeichnet, die das Kind in Anspruch nehmen, bevor es diese noch versteht, und welchen es Sinn verleihen und auf welche es Antworten geben muß« (Laplanche 1988, S. 221f.).

Von besonderer Bedeutung im Hinblick auf die Entstehung des Unbewussten und seines Kerns, des Sexuellen, ist die Konfrontation mit dem unbewussten Begehren der Erwachsenen. Laplanche spricht in diesem Zusammenhang von »rätselhaften Botschaften«. »Rätselhaft« sind sie für den Säugling zum einen, weil er sie aufgrund seiner noch wenig ausgebildeten somatischen, kognitiven und affektiven Verhaltens- und Erlebensmöglichkeiten nur sehr unzureichend verarbeiten kann; zum anderen sind sie aber auch für Erwachsene nicht zugänglich, »rätselhaft« also aufgrund ihres unbewussten Gehalts.

Dieser letzte Punkt ist noch einmal zu betonen: In der Beziehung zum Kind werden unbewusste *Phantasien* angesprochen, die als rätselhafte Botschaften fungieren. Keinesfalls geht es dabei in konkretistischer Weise um sexuelle *Handlungen*. Die

Konfrontation mit dem unbewussten Begehren des Erwachsenen schreibt sich in die entstehende psychische Struktur des Säuglings ein. Laplanche nennt diesen Vorgang »Intromission«: Es werden innere Fremdkörper eingeschrieben, die die Verarbeitungskapazität des Kindes überschreiten und damit den Kern des Unbewussten des Kindes bilden.

In meiner Argumentation möchte ich Laplanche in seiner Betonung des traumatischen Moments in diesem Konstitutionsprozess nicht folgen und stattdessen die daraus hervorgehenden produktiven psychischen Vorgänge akzentuieren: Ich konzipiere die Beziehung zwischen dem Säugling und dem Erwachsenen als einen Ort, an dem die psychische Struktur des Kindes, das Unbewusste und die infantile Sexualität auf eine nicht endogene und nicht notwendig traumatische Weise entstehen. Nicht das Trauma des Subjekts, sondern das Begehren des Anderen erhält in meinem Ansatz zentrale konstitutive Bedeutung. Das Begehren des Erwachsenen richtet sich als Anspruch auf den Säugling. Auf diesen Anspruch antwortet das Kind mit der Entstehung seines eigenen, infantil-sexuellen Begehrens. Der Konstitutionsprozess der Sexualität und darüber hinaus der gesamten psychischen Struktur könnte in Abwandlung der berühmten kartesianischen Wendung »cogito ergo sum« pointiert formuliert werden mit: »desideratus ergo sum« – »ich werde begehrt, also bin ich«.

Diese Formulierung trägt der grundlegenden Heteronomie menschlicher Existenz Rechnung, die Passivform »desideratus« verweist auf die dem Einzelnen vorgängigen Strukturen, denen das Subjekt unterworfen ist, und zugleich auf die Angewiesenheit auf den Anderen im Prozess seiner Entwicklung. Das sexuelle Begehren ist somit weder ein endogener Prozess, also etwas, das genetisch bereits im Menschen angelegt ist, noch ist der Einzelne Subjekt oder Schöpfer seines Begehrens. Vielmehr verstehe ich jegliches Begehren als Antwort auf das Begehrtwerden.

Formuliert man die Entstehung des Begehrens unter dem Primat des Anderen, trifft man damit nicht nur eine Aussage hinsichtlich der frühkindlichen Situation. Jegliches Begehren – auch im Erwachsenenalter – antwortet auf diese frühkindlich internalisierten Szenen des Begehrtwerdens durch Mutter, Vater oder eine andere primäre Bezugsperson.

Die Bildung des sexuellen Körpers als Einschreibung

Während Laplanche in seiner Allgemeinen Verführungstheorie mit der Entstehung des Unbewussten befasst ist, möchte ich seine Theorie auf die leibliche Dimension erweitern und die Bildung des sexuellen Körpers darlegen. Freud (1900a) beschreibt im berühmten siebten Kapitel der Traumdeutung das »primäre Befriedigungserlebnis« des Säuglings und führt aus, wie der Wunsch, den er später »Trieb« nennt, als Wiederbesetzung einer Erinnerungsspur entsteht. In Form dieser Erinnerungsspur wird das primäre Befriedigungserlebnis mit der Mutter in den kindlichen Körper eingeschrieben (vgl. Quindeau 2004). Dadurch wird der kindliche Körper zu einem sexuellen, das heißt, erst in der Interaktion wird er ausgestattet mit der Fähigkeit, Lust zu erleben. Die sexuelle *Lust* entsteht somit nicht wesentlich durch eine biologische Anlage, sondern erst durch die Befriedigung, die der Säugling im Gestilltwerden erlebt.

Um den Vorgang der Einschreibung besser zu verstehen, sind vor allem die ontogenetisch frühesten Strukturen oder Interaktionsformen interessant, die auf sensomotorisch-organismischer, vorsprachlicher Ebene niedergelegt sind. Als Beispiel kann man nicht nur das Stillen selbst, sondern auch die Art und Weise anführen, wie ein Kind von seiner Mutter dabei in den Arm genommen und gestreichelt wird. Dies bahnt eine koenästhetische Erinnerungsspur, die den Körper des Kindes ebenso wie sein aktives Verhalten formt und zugleich eine passive Erwartung bildet. Das Gefühl von Geborgenheit und Befriedigung stellt sich beim Kind immer dann ein, wenn es auf ebendiese Weise gehalten wird. Gestützt wird dies durch vielfältige klinische Beobachtungen, dass Mütter meist ein Gefühl fragloser Selbstverständlichkeit haben, wie sie ihren Säugling halten und wiegen. Darin kommen offenbar Erinnerungsspuren an die eigene Kindheit, an die Art und Weise, wie man selbst getragen wurde, zum Ausdruck.

Einen eindrucksvollen Beleg für diese koenästhetischen Erinnerungen liefert die berühmte Fallgeschichte »Monika« von René Spitz (1959), wenngleich es darin nicht explizit um die Einschreibung des Sexuellen geht. Monika wurde aufgrund einer Erkrankung über eine Magensonde ernährt und dabei flach mit dem Rücken auf die Knie ihrer Mutter gelegt. In dieser Haltung fütterte Monika Jahre später im Spiel auch ihre Puppen und Jahrzehnte später als Mutter ihr eigenes Kind, obwohl dieses über den Mund ernährt werden konnte.

Die Bildung des sexuellen Körpers vollzieht sich ebenfalls auf der Grundlage von Erinnerungen durch die Herausbildung von erogenen Zonen. Mit diesem Begriff bezeichnet Freud »eine Haut- oder Schleimhautstelle, an der Reizungen von gewisser Art eine Lustempfindung von bestimmter Qualität hervorrufen« (Freud 1905d, S. 84). Entscheidend ist nun, dass diese Lustempfindung nicht primär an der Körperstelle haftet, also nicht von der genetischen Ausstattung des Körpers ausgeht und in irgendeiner Weise ausgelöst wird, sondern durch das Einwirken einer anderen Person erst entsteht.

Als Beispiel dient die Situation des Stillens: Durch das Saugen an der Brust der Mutter werden die Lippen und der Mund des Kindes zu einer erogenen Zone. Die Erfahrung von Befriedigung bildet den kindlichen sexuellen Körper, sie stattet ihn mit einer spezifischen Reizbarkeit oder Erregbarkeit aus. »Anfangs war wohl die Befriedigung der erogenen Zone mit der Befriedigung des Nahrungsbedürfnisses vergesellschaftet« (ebd., S. 82). Diese »Anlehnung« ist ein wesentliches Merkmal der infantilen Sexualität und prädestiniert bestimmte Körperstellen als erogene Zonen. Gleichwohl löst sich die sexuelle Aktivität von diesen Stellen, und so kann »ganz wie beim Ludeln [Nuckeln] jede beliebige andere Körperstelle mit der Erregbarkeit der Genitalien ausgestattet und zur erogenen Zone erhoben werden« (ebd., S. 84).

Dies gilt selbstverständlich nicht nur für das Stillen, sondern für alle körperlichen Berührungen zwischen Erwachsenem und Kind, beim Wickeln und Baden ebenso wie beim Spielen oder Schmusen. Aus diesen Erfahrungen entwickelt sich ein Körpergedächtnis, das bestimmte Körperstellen auszeichnet, die in besonderer Weise lustempfindlich sind. Diese Sichtweise wird wesentlich durch die Beobachtung gestützt, dass es zwar bestimmte Körperzonen gibt, die bei allen Menschen erogen sind, dass darüber hinaus aber auch höchst individuelle erogene Zonen existieren, Körperstellen, die bei manchen Menschen Lustempfindungen hervorrufen und bei anderen nicht. Jeder Säugling macht jeweils spezifische Erfahrungen im körperlichen

Umgang mit seinen Eltern und bildet daher jeweils besondere erogene Zonen aus.

Sexuelle Erregbarkeit gründet demnach wesentlich in unbewussten Erinnerungen und nicht in besonderen physiologischen Bedingungen von einzelnen Körperzonen. Ich sehe es als zentrales Kriterium menschlicher Sexualität, dass die sexuelle Erregung prinzipiell unabhängig ist von der konkreten Stimulierung der erogenen Zonen und erheblich von Phantasien und Erinnerungen ausgelöst werden kann. Pointiert ließe sich sagen: Die Lust entsteht im Kopf und nicht durch die Reibung der Genitalien.

Umschriften: Entwicklungen und Variationen des Sexuellen

Die infantile Sexualität als das genuin Sexuelle

Heterologe und homologe Konzepte

Die bedeutendste Errungenschaft der freudschen Sexualtheorie ist wohl die Konzeptualisierung einer infantilen Sexualität. Zwar gehört sie für Psychoanalytiker und Psychoanalytikerinnen nach wie vor zum unbestrittenen Theoriebestand, aber es scheint doch zunehmend unklarer zu werden, was mit diesem Konzept eigentlich gemeint ist. Am wichtigsten scheint es mir zunächst, darauf hinzuweisen, dass die infantile Sexualität *nicht* – wie man vom Begriff her denken könnte – auf das Kindesalter beschränkt ist. Sie konstituiert sich gleich nach der Geburt, entfaltet sich im Verlauf der psychosexuellen Entwicklung in verschiedene Formen und bildet nach der Pubertät auch den Kern der genitalen, »erwachsenen« Sexualität. So stellt gerade das Infantile, Polymorph-Perverse den zentralen Wesenszug menschlicher Sexualität dar (Passett 2005).

Was das Kindesalter betrifft, wird die Annahme einer kindlichen Sexualität nach wie vor kontrovers diskutiert (vgl. Dornes 2005). Dies ist erstaunlich, da es nicht nur psychoanalytische, sondern auch viele empirische Studien gibt, die die Existenz von sexuellen Verhaltensweisen im Kindesalter belegen. Der Sexualwissenschaftler Gunter Schmidt (2005) unterteilt das Konzept der infantilen Sexualität paradigmatisch in zwei große Gruppen: in eine homologe (Ähnlichkeit kindlicher und erwachsener Sexualität) und in eine heterologe (kategoriale Differenz der Sexualität in ihrer Bedeutung) Position.

Die erste Gruppe findet sich vor allem im Bereich der Sexualwissenschaften und geht auf Albert Moll zurück, der Anfang des 20. Jahrhunderts ein umfassendes Werk zum kindlichen Sexualleben verfasste (Moll 1909). Er betont die strukturelle Ähnlichkeit kindlicher und erwachsener Sexualität und interessiert sich vor allem für die quantitativen Unterschiede. Kindliche Sexualität bezeichnet er als Vorform der späteren Sexualität der Erwachsenen.

Diese Betrachtungsweise wird von Molls Zeitgenossen wie Havelock Ellis und späteren Forschern wie Alfred Kinsey bis hin zu heutigen, empirisch arbeitenden Wissenschaftlern wie John Bancroft weitergeführt. Untersucht werden sowohl sexuelle Verhaltensweisen (wie Masturbation oder sexuelle Aktivitäten mit anderen) und sexuelle Reaktionen (wie Orgasmus, Erregung, Erektion) als auch psychosexuelle Aspekte (wie Phantasien) oder soziosexuelle Phänomene (wie Verliebtsein). Methodisch überwiegen Beobachtung und Befragung von Bezugspersonen oder retrospektive Interviews.

Es herrscht Konsens in der Sexualwissenschaft, dass schon bei Kleinkindern fast alle sexuellen Äußerungen wie bei Erwachsenen zu beobachten sind, von sexueller Neugier über Erregung bis hin zum Orgasmus mit allen Kennzeichen wie »verlorenem Blick«, Beschleunigung der Atmung und Muskelspasmus. Diese Verhaltensäußerungen unterscheiden sich vom Erwachsenen lediglich in ihrer Häufigkeit, sie sind weit seltener und weit weniger zielgerichtet. Empirische Untersuchungen ergeben, dass sich etwa 60 Prozent der heutigen jüngeren Erwachsenen an präpuberale sexuelle Spiele mit anderen und etwa 40 Prozent an präpuberale Masturbation erinnern (Schmidt 2005). Die Häufigkeit nimmt im Vergleich zu Kinseys Befragungen in den fünfziger Jahren des vergangenen Jahrhunderts zu, und zwar mit deutlicher Angleichung der Angaben von Frauen und Männern (Bancroft 2003).

Damit sind auch bei Kindern dieselben Trends zu erkennen, die den Wandel sexuellen Verhaltens bei Erwachsenen und Jugendlichen kennzeichnen: Liberalisierung und »gender equalization« (Schmidt 2004). Weiterhin ergeben Untersuchungen nur geringfügige Unterschiede von gleich- und gegengeschlechtlichem Sex im Kindesalter sowie eine stetige Zunahme von sexuellen Aktivitäten zur Adoleszenz hin.

So informativ eine solch quantifizierende Betrachtungsweise auch ist, die Ebene von Bedeutungen bleibt dabei weitgehend ausgeblendet. Selbst wenn ähnliche sexuelle Verhaltensweisen bei Kindern und Erwachsenen zu beobachten sind, ist kaum zu erwarten, dass sie auch dasselbe bedeuten. Der lebensgeschichtliche Wandel dieser Bedeutungen, die Rolle der (sich ändernden) Phantasie sowie insgesamt der Einfluss der Persönlichkeitsentwicklung auf das sexuelle Erleben und Verhalten wird von Vertretern der homologen Position zu wenig berücksichtigt. Sexualität ist in diesen Forschungen nur eine von anderen Erlebens- und Verhaltensbereichen sowie eine weitgehend isolierte Variable. So ist Gunter Schmidt zuzustimmen, wenn er den Beitrag der homologen Position zur sexuellen Sozialisation insgesamt als »unterkomplex« bezeichnet (Schmidt 2005). Es geht also im Bereich der Sexualität nicht allein um mess- und zählbares Verhalten, sondern um körperliche Empfindungen, Gefühle und Phantasien, die sich auch nur begrenzt in Sprache fassen lassen.

Die Ebene der Bedeutungen ist dagegen das Feld der heterologen Position, als deren prominenteste Ausgestaltung die freudsche Konzeption gelten kann. Entscheidend bei dieser Position ist die klare Unterscheidung zwischen infantiler und erwachsener Sexualität, die allerdings von manchen Autoren und Autorinnen teilweise so rigide vorgenommen wird, dass schließlich unklar ist, ob es sich bei den genannten Verhaltensäußerungen überhaupt um Sexualität handelt. Im Unterschied zu Vertretern der homologen Position lehnt Freud es ab, das Sexuelle auf das Genitale und auf die Fortpflanzungsfunktion zu reduzieren (Freud 1916–17, S. 331). Damit steht man allerdings vor der schwierigen Aufgabe, dass plausibel gemacht werden muss, weshalb lustspendende Aktivitäten des Kindes, die auf den ersten Blick gar nicht sexuell erscheinen, »sexuell« genannt werden.

In seinen *Vorlesungen zur Einführung in die Psychoanalyse* diskutiert Freud die Schwierigkeit, das Sexuelle präzise zu bestimmen, und schlägt schließlich vor, auf Definitionsversuche ganz zu verzichten. Stattdessen schildert er »abweichende« Sexualbetätigungen und macht ihren Zusammenhang mit der sogenannten normalen Sexualität deutlich. Über die Perversionen kommt Freud zur kindlichen Sexualität mit der Annahme, dass »alle Perversionsneigungen in der Kindheit wurzeln« (Freud 1916–17, S. 321). Genaue Beobachtungen hätten ihn zu dieser Annahme geführt; perverse Sexualität sei nichts anderes als die »vergrößerte, in ihre Einzelregungen zerlegte infantile Sexualität« (ebd.). Entsprechend nennt er, wie schon erwähnt, die infantile Sexualität »polymorph-pervers« – hinzugefügt sei noch einmal, dass die Bezeichnung »pervers« nicht im abwertenden, umgangssprachlichen Sinn gemeint ist, sondern alle sexuellen Formen umfasst, die nicht auf die genitale, potenziell reproduktive Vereinigung von Mann und Frau zielen.

Einen besonders deutlichen Unterschied zwischen infantiler und erwachsener Sexualität konzipiert Sándor Ferenczi (1933) in seinem berühmten Aufsatz »Sprachverwirrung zwischen den Erwachsenen und dem Kind«. Ferenczi kann damit – mehr noch als Freud – als dezidierter Repräsentant einer heterologen Position gelten. Mit diesem Aufsatz knüpft er an die freudsche Verführungstheorie an und macht deutlich, wie wichtig das »exogene Moment« für die kindliche Sexualentwicklung ist. Da man nach der Revision der Verführungstheorie durch Freud zunehmend den dispositionellen und konstitutionellen Faktoren die entscheidende Rolle in der Ätiologie der Neurosen zuschrieb, erinnert Ferenczi noch einmal an die zahllosen faktischen Vergewaltigungen, die an Kindern begangen werden, und an die verheerenden Auswirkungen auf die psychische Struktur.

Ferenczi unterscheidet die kindliche Sprache der Zärtlichkeit von der Sprache der Leidenschaft der Erwachsenen und beschreibt die Psychodynamik einer »Missbrauchsbeziehung« wie folgt: Im Unterschied zu einer unproblematischen, liebevollen Beziehung zwischen einem Kind und einem Erwachsenen, deren gemeinsames Spielen durchaus auch erotische Züge annehmen kann, die jedoch auf der Ebene der Zärtlichkeit bleiben, ist der sexuelle Missbrauch durch ein Überschreiten dieser Grenze gekennzeichnet; das Kind wird mit einer sexuell reifen Person verwechselt. Es reagiert darauf nun nicht – wie eigentlich zu erwarten – mit Ablehnung oder Abscheu, sondern ist durch ungeheure Angst regelrecht paralysiert. Diese Angst zwingt das Kind, sich dem Willen des Angreifers unterzuordnen, dessen

Wunschregungen zu erraten und zu befolgen, das heißt, sich mit ihm zu identifizieren. Durch die Introjektion des Angreifers verschwindet er als äußere Realität und wird innerpsychisch; die frühere Zärtlichkeitsebene kann auf diese Weise aufrechterhalten werden. Die Introjektion des Angreifers umfasst auch dessen Schuldgefühl, sodass sich das Kind durch den Übergriff nicht nur bedroht, sondern auch schuldig fühlt: »Das missbrauchte Kind wird zu einem mechanisch-gehorsamen Wesen, [...] sein Sexualleben bleibt unentwickelt oder nimmt perverse Formen an« (Ferenczi 1933, S. 309).

Diese Identifizierung mit dem Angreifer, zu der ein noch schwaches, wenig entwickeltes Ich gezwungen wird, ist inzwischen von der Traumaforschung vielfach bestätigt worden. Sie ist ein grundlegender Mechanismus in der Traumaverarbeitung, mit dem sich das Ich vor weiterer Regression oder Fragmentierung zu schützen sucht. Eher umstritten ist dagegen Ferenczis Differenzierung zwischen Zärtlichkeit und Leidenschaft – siehe etwa die Kritik bei Laplanche (1988). Mit Freud weist Ferenczi zu Recht darauf hin, dass der Objektliebe ein Stadium der Identifizierung vorausgeht; dieses bezeichnet er als Stadium der passiven Objektliebe oder der Zärtlichkeit.

Nun ist allerdings die Frage, *womit* sich das Kind identifiziert. Das sexuelle Begehren des Erwachsenen umfasst sowohl Zärtlichkeit als auch Leidenschaft. Beide sind indes so miteinander amalgamiert, dass schwer vorstellbar ist, ein Kind könne beide Bereiche trennen und sich nur mit der Zärtlichkeit identifizieren. So räumt auch Ferenczi in einem Nachtrag zu seinem Aufsatz selbst ein, dass er die Unterscheidung von Zärtlichkeit und Leidenschaft nur deskriptiv vorgenommen habe, dass aber die Frage nach dem »Wesen des Unterschieds« offen bleibe (Ferenczi 1933).

Die entscheidende Differenz sieht er im Schuldgefühl, welches das Liebesobjekt in der Erotik Erwachsener zum Gegenstand ambivalenter Gefühlsregungen macht, während der Zärtlichkeit des Kindes diese Ambivalenz fehlt. Doch auch dieses Unterscheidungsmoment darf man nur bei sehr kleinen Kindern annehmen, weil sich das Schuldgefühl mit der Konstitution des Gewissens etwa im dritten Lebensjahr einstellt. Ambivalenzen dagegen finden sich schon in der Oralität, im sogenannten oralen Sadismus, den ich weiter unten ausführlicher darstelle.

Variationen infantiler Sexualität

Das freudsche Phasenmodell zur psychosexuellen Entwicklung des Kindes gilt vielen als veraltet und überholt. Doch dieser Eindruck liegt häufig an einer problematischen Rezeption, mit anderen Worten: So schlicht, wie manche Kritiker glauben, ist das Modell keineswegs. Mit einigen Modifikationen ist es gut geeignet, um die sexuelle Sozialisation eines Kindes zu beschreiben, was nicht zuletzt daran sichtbar wird, dass es in der Sexualpädagogik vielfach Verwendung findet.

Sowohl das Modell – die Aufteilung der kindlichen Entwicklung bis zur Pubertät in eine orale, anale, phallisch-genitale und ödipale Phase, an die sich die Latenzzeit anschließt – als auch die Kritik daran ist vermutlich hinlänglich bekannt: Es sei zu schematisch, es sei deterministisch, es gebe keine Latenzzeit, das Sexuelle sei nur eine Dimension unter anderen und besitze nicht so viel Bedeutung, wie Freud sie ihm zuschreibt. Diese Argumente überzeugen nicht wirklich, denn sie entstammen meist einer oberflächlichen Befassung mit dieser Theorie. So meint »Latenzzeit« nicht, dass es keine Sexualität in diesem Alter gebe, sondern dass keine neuen Sexualziele entwickelt werden. Es lohnt sich, genauer hinzuschauen, was sich mit diesem Modell machen lässt.

Einen großen Vorteil bietet zunächst die ganzheitliche Sicht, die eine Verbindung der körperlichen Dimension mit der Affekt- und der Beziehungsebene ermöglicht. Das sind Dimensionen der menschlichen Entwicklung, die in anderen Theorien zumeist auseinanderfallen. Durch die Einbettung der sexuellen Ebene in die allgemeine Persönlichkeitsentwicklung zerfällt bei Freud der Mensch nicht in einzelne »Funktionen«, wie sie etwa von der akademischen Entwicklungspsychologie vorgegeben werden. Dort gibt es kognitive Funktionen, affektive Funktionen etc., die alle unabhängig voneinander sein sollen oder zumindest in ihrem inneren Zusammenhang nicht konzeptualisiert werden. In dieser Tradition stehen auch die homologen Sexualitätstheorien, die die sexuellen Funktionen isolieren. Demgegenüber stellt die Überwindung des Dualismus von Körper und Seele meines Erachtens ein großes Verdienst der Psychoanalyse dar.

Mit den Begriffen der Oralität, Analität und Phallizität werden von Sigmund Freud verschiedene Modalitäten beschrieben, mit denen sich das Kind Lust und Befriedigung verschafft. Aufgrund ihrer gleichzeitigen aktiven und passiven Ausprägung sind diese sexuellen Wünsche fortwährend konflikthaft, und in ihrer Widersprüchlichkeit können sie nicht gleichzeitig ausgelebt werden, sondern werden auf unterschiedliche Weise psychisch verarbeitet und abgewehrt, das heißt verdrängt, projiziert, sublimiert o.Ä. Die Abwehrmechanismen werden von Freud als »Triebschicksale« bezeichnet – als Formen der Verarbeitung der Triebe.

Die verschiedenen Modalitäten sind nun keineswegs normativ zu verstehen, sondern stellen Stationen der sexuellen Entwicklungsgeschichte dar. Die subjektiven Befriedigungserfahrungen, die ein Kind mit seinen primären Bezugspersonen oder deren Ersatz erwirbt oder die ihm versagt bleiben, bilden sich zu spezifischen Befriedigungsmustern aus, die wiederum seine Erwartungen an zukünftige Befriedigung prägen.

Diese Befriedigungsmuster werden im Verlauf der Lebensgeschichte fortwährend umgeschrieben. Allerdings nicht beliebig und willkürlich, wie dies die sogenannten Skript-Theorien behaupten, sondern innerhalb eines bestimmten Rahmens. Die Befriedigungserfahrungen werden körperlich eingeschrieben und bilden eine Art Körpergedächtnis, das den Rahmen für die Umschriften vorgibt (vgl. Quindeau 2004). Bemerkenswerterweise findet sich die meiste psychoanalytische Literatur zur infantilen Sexualität in den Anfängen der Psychoanalyse. Nach dem Zweiten Weltkrieg verlor die Triebtheorie und damit die Sexualität an Bedeutung, doch ist die Psychodynamik menschlichen Verhaltens ohne die psychosexuellen Konflikte nicht zu verstehen.

Oralerotik

Die erste Sexualbetätigung des Kindes wird im Saugen und Lutschen bzw. – in freudscher Ausdrucksweise – im Ludeln und in der Einverleibung von Objekten gesehen. Das Sexuelle zeigt sich dabei in Anlehnung an andere lebenswichtige Funktionen, in diesem Fall an das Bedürfnis nach Nahrungsaufnahme. Zunächst tritt es mit der Nahrungsaufnahme zusammen auf, dann wird es von ihr losgelöst und unabhängig. Der sexuelle Wunsch besteht in der Besetzung einer Erinnerungsspur – wie Freud dies im Zusammenhang mit dem primären Befriedigungserlebnis in der *Traumdeutung* (1900) beschreibt. Während der Hunger durch Nahrung gestillt werden kann, bleibt das Lutschen unstillbar, es tritt immer wieder von Neuem auf, auch wenn es eine Zeit lang Befriedigung verschaffen kann.

Die prinzipielle Unstillbarkeit unterscheidet die Lust – und damit das Sexuelle – vom Bedürfnis. Die Erfahrung von Lust und Befriedigung stattet den kindlichen Körper mit Erregbarkeit aus und es bilden sich – zunächst in der Mund- und Lippenregion – erogene Zonen.

Freud sieht im Saugen an der Brust der Mutter den Ausgangspunkt der Sexualentwicklung, »das unerreichte Vorbild jeder späteren Sexualbefriedigung« (Freud 1916–17, S. 325). Die Brust sei das erste Objekt des Sexualtriebs, das im Verlauf des Lebens auf vielfältige Weise gewandelt und ersetzt werde. Eine erste Ersetzung und Wandlung sei das Lutschen am Finger, mit dem sich das Kind von der Mutterbrust unabhängig mache, indem es sie durch einen Teil des eigenen Körpers ersetze. Der Lustgewinn werde somit von der Zustimmung der Außenwelt unabhängig.

Mit dieser Unabhängigkeit ist ein entscheidendes Kennzeichen infantiler Sexualität benannt: ihr sogenannter Autoerotismus. Die kindliche Sexualität sucht und findet ihre Objekte am eigenen Körper. So überzeugend es ist, das Saugen an der Mutterbrust als erste Sexualbetätigung des Säuglings zu konzipieren, so wenig plausibel erscheint die weitere Argumentation Freuds, die nach meiner Ansicht zu sehr das kindliche Streben nach Unabhängigkeit und den Autoerotismus betont und dabei die konstitutive Funktion der Mutter oder der Stillszene in den Hintergrund drängt.

Geht man dagegen vom »Primat des Anderen« aus, erscheint nicht die Brust als erstes Objekt des – in dieser genannten Weise nur als biologische Anlage denkbaren – Sexualtriebs, sondern die »Brust« (Pars pro Toto für die Still- oder Fütterszene) bringt umgekehrt den Sexualtrieb – das sexuelle Begehren – erst hervor. Der Autoerotismus ist insofern eine sekundäre Erscheinung, eine Antwort auf das Begehrtwerden und den Verlust durch die immer wieder notwendige Trennung von der »Brust«. Die Lust entsteht als Erinnerung an die Befriedigungserfahrung, pointiert formuliert: Die Befriedigung geht der Lust voraus, wie Freud das selbst auch am Beispiel des primären Befriedigungserlebnisses in der *Traumdeutung* dargestellt, aber einige Jahre später offenbar wieder »vergessen« hatte.

Das Streben des Kindes zielt auf eine (Wieder-)Herstellung der Wahrnehmungsidentität mit der ursprünglichen Befriedigung, die aber nie erreicht werden kann; insofern ist die Lust oder das Begehren unstillbar und zugleich nicht stillzustellen. Diese Suche setzt am Beginn des Lebens ein und dauert bis zum Tod. Von ihrer Struktur und ihrer Funktion her unterscheidet sich die infantile Sexualität somit nicht von der der Erwachsenen, auch wenn sie andere Formen (und damit verbunden auch weitere Funktionen) aufweist.

Neben dem Saugen und Lutschen ist nach Freud die Einverleibung von Objekten ein wesentlicher Bestandteil der Oralerotik. In ihrer frühen Form hat sie »kannibalistische« Züge, die man in Redensarten wie »jemanden zum Fressen gernhaben« wiederfinden kann. Erklärbar wird dies dadurch, dass Objekte in dieser Entwicklungsphase zunächst nicht als Individuen, sondern als Nahrung oder Nahrungsversorger wahrgenommen werden. Indem sich das Kind diese Objekte einverleibt, wird es eins mit ihnen.

Die orale Introjektion dient zugleich der primären Identifizierung. Die Vorstellung, Objekte zu essen oder von ihnen gegessen zu werden, bestimmt die Art und Weise, wie sich die Vereinigung mit dem Objekt unbewusst darstellt (Fenichel 1974, S. 95ff.). Das zeigt sich eindrucksvoll beim katholischen Ritus der Kommunion, die von der Überzeugung getragen wird, dass der Gläubige durch den Verzehr der zum Leib Christi gewandelten Hostie dem einverleibten Objekt ähnlicher wird.

Neben den Lustmodalitäten gibt es auch spezifische orale Ängste, die den Zielen der Oralerotik entsprechen. Am häufigsten zu beobachten ist nach Otto Fenichel (1974) bei Kindern die Angst, gefressen zu werden. Darin zeigt sich auch das Verlangen, von einem größeren Objekt einverleibt zu werden und dadurch Sicherheit und/oder Allmacht zu gewinnen. Oft nimmt das Ziel der oralen Einverleibung sadistische Züge an, die konstitutionell bedingt sein könnten, wie dies Melanie Klein (1962) postuliert, oder auch – etwa nach Fenichel – das Ergebnis von Frustrationen sind.

Ohne dieser Kontroverse im Einzelnen nachgehen zu wollen, möchte ich festhalten, dass die orale Einverleibung ein Objekt zwar tatsächlich vernichtet, was den oralerotischen Zielen einen ambivalenten Charakter verleiht, dass es aber nur sinnvoll erscheint, von »Vernichtung« zu sprechen, wenn sich beim Kind auch eine Objektvorstellung gebildet hat. Erst zu diesem Zeitpunkt – wenn ein Säugling ein von sich getrenntes Objekt wahrnehmen kann – sind zerstörerische, sadistische Züge anzunehmen. Diese Differenzierung geht auf Karl Abraham (1924) zurück, der eine präambivalente Stufe der oralen Phase, in der noch kein Objekt vorhanden ist und das Kind nur lustvoll saugen möchte, von einer ambivalenten Stufe unterscheidet, in der neben dem Objekt auch die ersten Zähne und damit das Ziel, zu beißen, auftreten.

Otto Fenichel (1974) weist allerdings zu Recht darauf hin, dass sich dieser Zusammenhang zwischen der Herausbildung des Objekts und des Auftretens oralsadistischer Impulse nicht nur im Modus des Beißens manifestiert, weil oralsadistische Momente auch in Saugphantasien wie etwa im Vampirismus zu finden sind. Allerdings zeigt die Analyse sadistischer Perversionen, dass ihre Symptome im Wesentlichen auf das orale Ziel des Beißens zurückgehen.

An diesen frühen Formen eines oralen Sadismus lässt sich zeigen, dass es sich *nicht* um Aggression handelt. Das Kind beißt nicht aus Aggression, weil es vielleicht wütend oder frustriert ist, sondern aus Lust. Als lustvoller Modus ist das Beißen eine Variante des Lutschens oder Saugens. Diese Unterscheidung von oralem Sadismus und Aggression widerspricht dem Alltagsverständnis: Es geht nicht um das Zufügen von Schmerz, das lustvoll wäre; der Schmerz ist vielmehr ein Nebeneffekt, der aus der Lustsuche resultiert. Dies wirft möglicherweise auch noch einmal ein anderes Licht auf bestimmte »Perversionen«, insbesondere sadomasochistische Praktiken, die im Allgemeinen mit Aggression und Schmerz in Verbindung gebracht werden und weniger mit lebensgeschichtlich frühen Befriedigungsmodalitäten.

Am Beispiel des Beißens lässt sich außerdem zeigen, dass Begehren und Verbot miteinander verwoben sind. Das Beißen des Säuglings beim Stillen führt dazu, dass sich die Mutter abwendet und das lustvolle Spiel unterbricht. Die Lust wird dadurch nicht aufgelöst, sondern der Spannungs- und Erregungszustand wird vielmehr aufrechterhalten. Durch den Aufschub trägt das Verbot also dazu bei, dass die Lust noch intensiver wird.

Die Oralerotik bleibt in verschiedenen, mehr oder weniger gewandelten Formen bis ans Lebensende bestehen. Entscheidend bei diesen Lustempfindungen ist zum einen die Reizung des Mundes oder der Mundschleimhaut wie etwa beim Küssen, Saugen und Beißen in aktiver und passiver Form. Zum andern ist auch die Einverleibung von Objekten lustvoll besetzt, wie etwa das Verschlingen und das Schlucken. Das zeigt sich bei oralgenitalen Sexualpraktiken wie Fellatio und Cunnilingus ebenso wie beim Essen und Trinken, Rauchen oder Atmen. Die oralen Modi finden sich auch in sexuellen Phantasien; zentral sind dabei lustvolle Auflösungs- und Verschmelzungsphantasien – wie etwa das »ozeanische Gefühl«.

Analerotik

Die psychosexuelle Entwicklung hat Sigmund Freud – wie zu seiner Zeit üblich – in einem Phasen- oder Stufenmodell konzeptualisiert; auf die orale folgen die anale und die phallisch-genitale Phase. Aber die Vorstellung von Stufen ist missverständlich, denn die Lust- und Befriedigungsmodalitäten der einzelnen Phasen lösen einander nicht ab, sondern bleiben lebenslang nebeneinander bestehen, wenn auch in unterschiedlicher Bedeutung und Intensität. Ich halte es daher für sinnvoller, den freudschen Phasenbegriff aufzugeben und präziser von Oralität, Analität, Phallizität oder Genitalität als verschiedenen Ausdrucksformen menschlicher Sexualität zu sprechen, die zu bestimmten lebensgeschichtlichen Zeitpunkten entstehen und dann bestehen bleiben.

Analog zum Saugen und Lutschen entwickelt sich nach Freud die infantile Sexualität weiter entlang der elementaren organischen Bedürfnisse (Freud 1916–17). Was sich am deutlichsten bei der Nahrungsaufnahme gezeigt hat, wiederholt sich teilweise bei den Ausscheidungen. Auch durch die Entleerung von Blase und Darm bilden sich erogene Zonen aus, Lustempfindungen begleiten die Ausscheidungsvorgänge und werden auch wieder von diesen unabhängig.

In der frühen psychoanalytischen Theoriebildung hat man diese Lustempfindungen noch sehr genau spezifiziert und untersucht; inzwischen spielen diese Kategorien – möglicherweise zu Unrecht – kaum noch eine Rolle in der psychoanalytischen Praxis (vgl. zur Analerotik Ferenczi 1914; Abraham 1924). So unterscheidet Abraham die eigentliche Exkretionslust vom Wohlgefallen an den Produkten des Vorgangs, wobei auch die Lust am Anblick und Geruch eine Rolle spielt. Diese Lustempfindungen sind bei Kindern noch am deutlichsten zu beobachten, sie unterliegen im Laufe der Zeit mehreren Umwandlungen.

Freud belegt in seiner Arbeit *Charakter und Analerotik* (1908b) an diesen Umwandlungen die Verflechtung von körperlichen und psychischen Prozessen. Die Erziehung trägt ein Übriges dazu bei, die Lust an den Ausscheidungsvorgängen und die infantile Koprophilie einzuschränken, die im Wesentlichen der Verdrängung verfallen und sich nur noch rudimentär halten oder unter bestimmten Bedingungen im Erwachsenenleben – etwa in Gestalt der Perversionen – wieder zum Vorschein kommen.

Im Unterschied zu den oralen Lustempfindungen, die in großem Umfang unverändert in die erwachsene Sexualität eingehen, seien die analen Lüste weit stärker von Verdrängung und Umformung betroffen. Das Schicksal der Analerotik wurde daher auch viel öfter Gegenstand psychoanalytischer Untersuchungen als das der Oralerotik (Abraham 1924, S. 206f.).

Charakteristisch für die Analerotik – und weniger von späteren Umwandlungen betroffen – ist nach Abraham die Spannungslust, die hier viel stärker ausgeprägt ist als etwa bei der Oralerotik. Spannungslust kommt durch die kindliche Feststellung zustande, dass nicht nur die Ausscheidungsvorgänge selbst lustvoll sind, sondern auch das Zurückhalten der Ausscheidungen, weil es zu einer stärkeren Reizung der Darmschleimhaut führt. Diese Retention intensiviert die Lustempfindung beim Ausscheiden. Die Intensivierung durch Retention gilt nicht nur für Ausscheidungsvorgänge, sondern findet sich bei jeder Form des Hinausschiebens von Lustempfindungen.

Nach Freud (1905d) hat der Darminhalt für den Säugling wichtige Bedeutungen. Er wird zunächst als Teil des eigenen

Körpers behandelt und ist dann das erste »Geschenk«, durch dessen Entäußerung sich das Kind gegenüber den Erwachsenen gefügig und durch dessen Verweigerung es sich als widerständig erweisen könne. Otto Fenichel (1974) weist darauf hin, dass die Faeces (der Kot) zuerst zum eigenen Körper gehören und dann in ein äußeres Objekt als Modell all dessen verwandelt werden, was verloren gehen kann. Sie stehen damit zum einen für »Besitz«, also für äußere Dinge, die zugleich Ich-Qualität haben; zum andern für »Verlust«, für einen Teil des eigenen Körpers oder der eigenen Person, der verloren geht, was den melancholischen Charakter der Ausscheidung unterstreicht und sich in der Schwierigkeit, sich von manchen Dingen zu trennen, wiederfindet. Mit der Beherrschung der Sphinkter, der Schließmuskel von After und Blase, ist laut Fenichel (ebd., S. 102) für das Kind ein Gefühl sozialer Macht verbunden, das sich in verschiedensten Szenarien zwischen Eltern und Kind bei der Reinlichkeitserziehung niederschlägt, die reichlich Raum zu »sinnlichen und feindlichen Gratifikationen« bietet.

Unabhängig davon, ob diese Reinlichkeitserziehung nun liberal oder rigide durchgeführt wird – betrachtet man sie im Lichte der oben beschriebenen Lustempfindungen beim Ausscheiden und Zurückhalten, so wird sichtbar, dass es sich dabei nicht nur um Macht und Kontrolle handelt, sondern auch um eine Variante des Liebesspiels. Wiederum übernehmen die Erwachsenen – unvermeidlich – die Rolle der Verführer des Kindes. Bemerkenswert an diesem Beispiel ist, dass sich die Lustempfindungen im Wesentlichen nicht durch konkrete Berührung der anderen ergeben. Das »Liebesspiel« besteht weniger in der Berührung des Kindes durch die Eltern als vielmehr in der verbalen oder gestischen Interaktion rund ums »Töpfchen«. Exkretions- oder Retentionsvorgänge sind Gegenstand des Beziehungsgeschehens und werden – auf welche Weise auch immer – kommentiert. Auch wenn das von den Eltern nicht beabsichtigt ist, werden damit zugleich Lustempfindungen des Kindes angesprochen und unterstützt, gelobt oder auch getadelt.

Von besonderer Bedeutung ist zugleich das Verbot, das – heute wohl zumeist implizit – an das Kind herangetragen wird, aus seinen Ausscheidungsvorgängen und ihren Produkten Lust zu gewinnen. Wie bereits Lou Andreas-Salomé (1916) herausgearbeitet hat, ist dieses Verbot für die gesamte Entwicklung des Kindes maßgeblich: Das Kind wird dabei zuerst mit einer seinen Triebregungen feindlichen Umwelt konfrontiert, es muss sein eigenes Wesen von diesem Fremden abgrenzen und dann die erste Verdrängung an seinen Lustmöglichkeiten vollziehen. Von da an bleibt das »Anale« ein Symbol für alles zu Verwerfende, für alles Unerwünschte und wird verschiedenen Umwandlungen unterzogen, die es unkenntlich machen sollen, oder aber es tritt als »Perversion«, welche die Verdrängungen aufhebt, wieder offen zutage. Jedenfalls ist an der hohen Bedeutung, die der Stuhlgang für viele Menschen hat und die sich in unzähligen Ratgebern von Illustrierten bis zu Fernsehsendungen ausdrückt, ein Überrest der einstigen Lustmöglichkeiten abzulesen.

Auch bei der Analerotik gibt es eine spezifische Form charakteristischer Ängste, die sich durch Frustrationen herausbilden; in diesem Fall etwa die Vorstellung, seiner Eingeweide beraubt zu werden. Häufig tritt diese Angst als »Vergeltung« für analsadistische Tendenzen auf, und zwar mit der Idee, dass einem selbst passieren könnte, was man anderen aufgrund analer Wünsche zufügen wollte (Fenichel 1974).

Die analsadistischen Varianten sind der Verbindung von Oralität und Sadismus weitgehend analog. Hinzu kommt der Aspekt von sozialer Macht und Beherrschung, der bei der Oralität – auch aufgrund der fehlenden physiologischen Kontrollmöglichkeiten über die Körperfunktionen – noch weniger ausgeprägt ist. Wie die oralen sind auch die analen Luststrebungen gegenüber dem Objekt ambivalent; sie können auf ihre archaische Art ebenso Ausdruck von Liebe und Zärtlichkeit wie von Feindseligkeit und Verachtung sein. Letzteres wird durch das Verbot der Analität noch einmal in besonderer Weise gefördert.

Karl Abraham (1924) unterteilt auch die Analität in zwei Perioden, in eine frühere, die vom sadistischen Ziel der Exkretionslust ohne Rücksicht auf das Objekt geprägt ist, und eine spätere, in der die Retentionslust überwiegt; hier bleibt das Objekt erhalten. Die Sorge um das Wohlergehen des Anderen, die aller Liebe zugrunde liegt, gründet in dieser späteren Phase und offenbart sich zuerst in der Bereitschaft, die Ausscheidungen einem Objekt zuliebe zu opfern.

In die Sexualität der Erwachsenen gehen die analen Befriedigungsmodi in verschiedenster Weise ein: Sie finden sich etwa in anal-genitalem oder anal-oralem Sex ebenso wie in der (Retentions-)Lust beim Zurückhalten des Orgasmus oder sadomasochistischen Praktiken. Die verschiedenen Modalitäten werden nicht nur direkt in sexuelle Praktiken umgesetzt, sondern bestimmen auch die sexuellen Phantasien, im Falle der Analität etwa die Phantasie von Macht und Kontrolle oder Ohnmacht und Unterwerfung.

Urethralerotik

Eine besondere Rolle im Zusammenhang der Exkretionslüste spielt die Urethralerotik (auf den Harn bzw. das Urinieren bezogene Lust), die in den Anfängen der Psychoanalyse zu Recht als eigenständige sexuelle Ausdrucksgestalt verstanden wurde. Diese Differenzierung geriet im Laufe der Zeit in Vergessenheit, übrig blieb – wenn überhaupt – die Analerotik, jedoch kaum als Ausdrucksweise »normaler« Lustempfindung, sondern ausgegrenzt als »Perversion«. Das ist insofern bedauerlich, als gerade diese Entleerungsvorgänge auch im klinischen Bereich oft eine wichtige Rolle spielen – ich meine damit etwa unaufschiebbaren Harndrang, der manchmal bei Patientinnen und Patienten während der Therapiestunden auftaucht. Für das Verständnis der Übertragung scheint mir der darin enthaltene Aspekt von Lust und Befriedigung von großer Bedeutung zu sein und nicht nur das üblicherweise in diesem Zusammenhang fokussierte Moment des Widerstands und der Abwehr oder der (Kastrations-)Ängste. In entstellter Form kann die Urethralerotik auch in (oft chronischen) Harnwegserkrankungen ihren Ausdruck finden.

Das primäre Ziel der Urethralerotik besteht im Lustgewinn beim Urinieren. Doch gibt es ebenso wie im analen Bereich auch eine Lust, den Harn zurückzuhalten, sowie die damit verbundenen Konflikte. Die Urethralerotik ist zudem eng mit der infantilen Genitalerotik verbunden. Beim Urinieren wird sich das Kind unweigerlich des Geschlechtsunterschieds bewusst, wodurch der Kastrationskomplex virulent wird. Während frühere Analytiker – aus heutiger Sicht problematisch

– davon ausgingen, dass sich das Mädchen in dieser Situation kastriert und minderwertig fühlt und der Junge befürchtet, dasselbe Schicksal zu erleiden, wird das Thema der Kastration inzwischen im Sinne einer Bedrohung der körperlichen Unversehrtheit auf beide Geschlechter ausgeweitet. Neid richtet sich zudem nicht nur auf den Penis, sondern ebenso auf die Vagina und die Gebärfähigkeit.

Die konflikthafte Entwicklungsaufgabe im Hinblick auf den Geschlechtsunterschied besteht darin, dass Mädchen wie auch Jungen die omnipotente Illusion ihrer Bisexualität aufgeben und sich mit der Begrenztheit ihres Geschlechts auseinandersetzen müssen. Die bisexuelle Illusion bleibt allerdings im Unbewussten weiter wirksam und zeigt sich bei der Urethralerotik etwa darin, dass die Lust, zu urinieren, bei beiden Geschlechtern phallische Bedeutung haben kann. Nach Fenichel wird das Urinieren dann zum Äquivalent aktiven Eindringens, das sadistische Beimengungen wie Schädigungs- oder Zerstörungsphantasien enthalten kann.

Eine weitere Bedeutungsdimension, die ebenfalls bei Jungen wie bei Mädchen zu finden ist, besteht in der Vorstellung des Fließenlassens als Form passiver Selbstaufgabe und Ausschaltung von Kontrolle. So urinieren kleine Kinder oft absichtlich in die Hosen oder ins Bett, um Lust zu gewinnen. Das spätere Bettnässen bei älteren Kindern geschieht dagegen nicht mehr intentional, sondern lässt sich eher als unbewusstes Äquivalent zur Masturbation verstehen.

Während die phallischen urethralerotischen Ziele bei Jungen in der weiteren Entwicklung im Wesentlichen in der Genitalität aufgehen, können die passiven Ziele leicht in Konflikt mit ihr geraten, weshalb sie manchmal mit sadistischen Phantasien legiert werden, was sich etwa in Analysen schwerer Fälle von Ejaculatio praecox gezeigt hat (Fenichel 1974). Die Vorstellung des Fließenlassens wird häufig auch – insbesondere bei Mädchen – auf die Tränen verschoben; urethralerotische Schwierigkeiten zeigen sich bei ihnen meist bei Konflikten im Zusammenhang mit dem Penisneid.

Nach Otto Fenichel tritt die Retentionslust bei der Urethralerotik weniger deutlich auf als bei der Analerotik, bei Jungen fehlt sie häufig auch gänzlich. Urethralerotische Konflikte sind daher auch weniger durch den Gegensatz von »Ausscheiden« und »Zurückhalten« gekennzeichnet als vielmehr durch den Widerspruch zwischen dem Wunsch, Lust und Erregung (durch das Urinieren) zu empfinden, und der narzisstischen Befriedigung oder dem Stolz, die sich durch die erfolgreiche Kontrolle der Blase ergeben. Fenichel beschreibt die enge Verbindung von Urethralerotik und Scham; er begreift die Scham als Abwehr urethralerotischer Wünsche, vergleichbar den oralen oder analen Ängsten, gefressen oder seiner Eingeweide beraubt zu werden. Der Ehrgeiz, häufig als ein Produkt urethralerotischer Konflikte betrachtet, kann als Kampf gegen diese Scham verstanden werden.

Haut- und Blickerotik

Neben den oralen, analen und genitalen Körperzonen ist die Haut eine weitere wichtige erogene Zone, die je nach den subjektiven Erfahrungen des Einzelnen an verschiedenen Stellen unterschiedlich erregbar ist. Diese Erregbarkeit bildet sich – wie bei den anderen erogenen Zonen auch – in der Interaktion des Säuglings mit Erwachsenen, etwa bei der Körperpflege oder beim Spiel. Aus der Erregbarkeit der Haut ergibt sich eine spezifische Berührungslust in einer aktiven und einer passiven Ausprägung. Der Modus des Streichelns und Gestreicheltwerdens gehört wohl zu den elementarsten Formen von Lust- und Befriedigungserleben.

In der neueren Psychoanalyse wird inzwischen weniger der lustspendende Aspekt der Haut betont als vielmehr ihre kommunikativen und ich-bildenden Aspekte oder auch damit verbundene krankheitsbedingte Einschränkungen, etwa im Falle von Neurodermitis (vgl. Pines 1993). In dieser Entsexualisierung, die auch in vielen anderen Bereichen zu beobachten ist, sehe ich eine gravierende Einschränkung im psychoanalytischen Denken, denn die konstitutive Bedeutung des energetischen Moments im dynamischen (sexuellen) Unbewussten kann nicht mehr verständlich gemacht werden.

Auch von den Sinnesmodalitäten des Hörens, Riechens und Schmeckens gehen erogene Wirkungen aus, die bei der infantilen Sexualität ebenso wie bei der Sexualität Erwachsener von Bedeutung sind. Während das Schmecken einen engen Zusammenhang zur Oralerotik aufweist, ist das Riechen eher mit der Analerotik verbunden (vgl. Abraham 1924). Die sexuell erregende Funktion der Stimme und von Geruchs- und Geschmackserfahrungen ist aus dem klinischen Alltag wohlbekannt und wird im Übrigen auch in hohem Maße kommerzialisiert und verkaufsfördernd eingesetzt. Trotz dieser offenkundigen Bedeutung gibt es kaum psychoanalytische Untersuchungen zur erogenen Relevanz dieser Sinnesmodalitäten.

Analog zur Berührungslust verhält sich die Schau- und Zeigelust. Während das erotische Ziel der Schaulust zunächst im Anblick des Sexualobjekts oder – wie Freud hinzufügt – im Anschauen der Genitalien oder im Beobachten von Ausscheidungsvorgängen besteht, löst sich die Erregbarkeit des Auges als sexualisierten Sinnesorgan zunehmend davon und wird unabhängig. Sexualisiertes Sehen soll heißen, dass das Sehen nicht allein auf Wahrnehmung zielt, sondern sexuelle Lust und Befriedigung sucht. Im offensichtlichen Fall besteht dies im Anschauen von Erregendem, weniger offensichtlich – aber nicht minder bedeutsam – ist dagegen, dass dem Sehen selbst erregende Wirkung zukommt. Schaulust kann deshalb auch in desexualisierten Zusammenhängen befriedigt werden, etwa beim Lesen oder auch im Kino (zum Phänomen der Schaulust im Kino findet sich inzwischen eine breite psychoanalytische Literatur, die im Wesentlichen auf der lacanschen Lesart beruht, vgl. etwa Mulvey 1989).

Nach Otto Fenichel enthält die Sexualisierung von Sinnesempfindungen alle Merkmale, die für eine Wahrnehmung charakteristisch sind: die Aktivität der Wahrnehmungsorgane, die mit der Wahrnehmung notwendig verbundene Motilität (Bewegungsfähigkeit) sowie die »Einverleibung« des Wahrgenommenen mit der darauf folgenden Ich-Veränderung. Das Ich wird dem Wahrgenommenen angepasst. Die Schaulust fungiert dabei nach der symbolischen Gleichung Schauen = Fressen (Fenichel 1935). Davon zeugt etwa die Redewendung, jemand wolle etwas »mit den Augen verschlingen«. Einverleibungen finden sich an allen erogenen Zonen. Fenichel unterscheidet orale, anale, epidermale, respiratorische und schließlich okulare Introjektionen. Die Einverleibung ist aber nicht das einzige Ziel; hinzu kommt die phallische Bedeutung des Auges, das Moment des Eindringens in das Andere.

Das Auge spielt bei all diesen Vorgängen eine doppelte Rolle: Es ist sowohl aktiv-eindringend als auch passiv-rezeptiv. Grundlegend für alle Entwicklungsprozesse ist die Introjektion als eine Form der Identifizierung: Der Säugling schaut etwas an, um es nachzuahmen, um dem Gesehenen ähnlich zu werden. Später geschieht diese Identifizierung phantasmatisch: Man will etwas anschauen, um mitzufühlen. Die Lust eines Voyeurs, der Paare beobachtet, stammt zumeist aus der Identifizierung mit dem gegengeschlechtlichen Partner (ebd.). Bezieht man diesen Gedanken auf die Pornographie, heißt das, dass sich ein Mann unbewusst mit der Frau identifiziert, die den Mann befriedigt. Das Ich des Betrachters ist gleichsam aufgespalten in einen Teil, der befriedigt wird, und einen Teil, der befriedigt. Man kann sagen, dass die Schaulust eine narzisstische Szene komplettiert: Man spielt sich in verschiedenen Rollen (die Bedeutung der Pornographie wird später weiter ausgeführt).

Schaulust gehört nach Fenichel zu den Hauptkomponenten der sexuellen Neugier bei Kindern, die selbst erregenden Charakter hat. An die Stelle einer Beobachtung der Sexualität könne so auch das »über Sexualität Bescheidwissen« treten (Lewin 1939). Das »Bescheidwissen« kann auf andere Themen verschoben werden und dadurch eine Flut ununterbrochener Fragen auslösen, die Erwachsene manchmal zur Verzweiflung treibt. Stimuliert oder auch blockiert wird diese Neugier zum einen durch die konkrete Beobachtung sexueller Aktivitäten von Erwachsenen, zum andern durch die Geburt eines Geschwisters. Als besondere, charakteristische Angst – entsprechend der Scham bei der Urethralerotik – ist mit der Schaulust die Schüchternheit verbunden (Fenichel 1974, S. 107).

Komplementär zur Schaulust verhält sich der Exhibitionismus. Meist treten beide zusammen auf, was Freud (1915c) darauf zurückführt, dass beiden das gemeinsame Sexualziel, sich selbst anzuschauen, zugrunde liegt. Deshalb ist der Exhibitionismus narzisstischer als jeder andere Partialtrieb; die aus ihm gewonnene Lust ist mit einer (temporären) Zunahme des Selbstgefühls verbunden, die dadurch erreicht wird, dass – tatsächlich oder antizipiert – andere das Subjekt anschauen. Während der Exhibitionismus in früher Kindheit bei beiden Geschlechtern auf ein Vorzeigen der Genitalien und anderer erogener Zonen zielt, bleibt er beim Mann auch in der weiteren Entwicklung im Wesentlichen auf das Genitale fixiert, während er sich bei der Frau auf den gesamten Körper verschiebt (Fenichel 1974, S. 108f.).

Diese narzisstische Dimension scheint mir zentral für die Internetpornographie. Wie in anderen Medien auch stellt dies eine selbstbezogene, narzisstische sexuelle Aktivität dar, die keinen Anderen braucht. In sexualwissenschaftlichen Studien wird oft davon gesprochen, dass der Konsum von Pornographie die Masturbation begleitet. Ich glaube, man müsste genauer sagen, dass dies Masturbation *ist*. Schließlich entsteht die Lust nicht zwangsläufig durch die Reibung der Genitalien, sondern vor allem durch die Phantasien, die dabei im Kopf stattfinden.

In der interaktiven Variante, im Web 2.0, bietet das Internet aber noch andere sexuelle Erlebensformen, die über das hinausgehen, was bisher in Medien möglich war. Hier zeigt sich besonders gut die Verflechtung von Schaulust und Exhibitionismus. Nur so scheint mir die sogenannte Amateurpornographie erklärbar, die mit der Gründung von Internetplattformen wie Youporn im Jahr 2006 zu einem massenhaften Phänomen wurde.

Interessant sind dabei die Unterschiede zwischen den Geschlechtern: In einem Überblicksartikel aus dem Kinsey-Institut in den USA (2008) (Rupp/Wallen 2008) werden folgende Zahlen genannt: Von den geschätzten 40 Millionen Menschen, die jährlich Pornographie im Internet konsumieren, sind 72 Prozent Männer und 28 Prozent Frauen. Vermutlich drehen sich diese Zahlenverhältnisse um, wenn man nicht die Rezipienten, sondern die Darstellenden betrachtet. Darüber existieren noch keine Zahlen, aber es sind bei Weitem mehr Frauen als Männer, die sich bei sexuellen Aktivitäten filmen oder filmen lassen und die Bilder dann im Internet hochladen.

Das scheint mir ein sehr interessantes Phänomen und stellt traditionelle feministische Überzeugungen infrage, die davon ausgehen, dass Frauen aus welchen Gründen auch immer genötigt oder gar gezwungen werden, sich pornographisch darzustellen. Demgegenüber scheint es mir weit plausibler, anzunehmen, dass damit exhibitionistische Erregung und narzisstische Befriedigung gesucht wird.

Genitalerotik

Gegen Ende der Entwicklung der infantilen Sexualität wird die sexuelle Erregung auf die Genitalien konzentriert, die zur leitenden erogenen Zone werden. Freud spricht daher von der phallischen oder infantil-genitalen Phase der psychosexuellen Entwicklung, die eine weitgehende Annäherung an die Endgestaltung der Sexualität bei Erwachsenen erkennen lässt (Freud 1923e, S. 291).

Die Ähnlichkeit besteht im Wesentlichen darin, dass in dieser Phase eine Objektwahl vollzogen wird, wie sie auch für die Adoleszenz charakteristisch ist, wenn sämtliche Sexualstrebungen die Richtung auf eine einzige Person nehmen, an der ihre Ziele verwirklicht werden sollen. Auch das andere Kennzeichen der Erwachsenensexualität – die Unterordnung der Partialtriebe unter den Primat der Genitalität – beginnt sich abzuzeichnen: Die Entstehung dieses Primats im Dienste der Fortpflanzung hat Freud als letzte Phase der Sexualorganisation konzeptualisiert.

An diesem Punkt schließe ich mich der vielfach vorgetragenen Kritik an der freudschen Sexualtheorie an. Die zentrale Bedeutung der Fortpflanzung, die Freud hier einführt, ist nicht plausibel. Mit diesem biologischen Aspekt ist untrennbar eine Hierarchisierung der verschiedenen Sexualformen verbunden, die Normen vorgibt und im Wesentlichen gesellschaftliche Ordnungsvorstellungen stützt. Gegenüber dem Primat der Reproduktion soll die »polymorph-perverse« Sexualität, die Vervielfältigung von Lust- und Befriedigungsmodalitäten, wie sie die infantile Sexualität kennzeichnet, auf die Kindheit beschränkt bleiben. Setzt sie sich dennoch ins Erwachsenenalter fort, wird sie als potenziell pathologisch oder als »unreif« betrachtet.

Nach Eleanor Galenson und Herman Roiphe (1977) taucht die Betätigung an den Genitalien zwischen dem 15. und 18. Lebensmonat auf und ist mit erotischen Gedanken und Gefühlen im Zusammenhang mit der Mutter verbunden. Die Autoren führen diesen Zusammenhang auf den Gebrauch von weichen Spielsachen und Decken zurück, die als Übergangsobjekte fungieren, also für die Mutter stehen. Abgesehen davon ergibt sich – wie oben schon ausgeführt – die Verbindung zur Mutter aus der unvermeidlichen sexuellen Stimulierung bei der Säuglingspflege.

Das wichtigste Merkmal der infantilen Genitalorganisation, das sie zugleich von der des Erwachsenen unterscheidet, besteht nach Freud in der Vorstellung, dass für beide Geschlechter nur ein Genitale – das männliche – von Bedeutung sei. Der Genitalprimat ist also präziser ein Primat des Phallus. Bei aller berechtigten Kritik an dieser Annahme, die oft reflexartig pauschal zurückgewiesen wird, scheint es mir doch lohnend, sich diese Eingeschlecht-Konzeptualisierung im Hinblick auf ihre theoriearchitektonische Bedeutung genauer anzuschauen.

Freud verwendet den Gegensatz »phallisch« und »kastriert«, um darauf den Kastrationskomplex aufzubauen, mit dem er die Entwicklungsaufgabe der Verarbeitung der Geschlechterdifferenz und die damit verbundenen typischen Ängste beschreibt. Diese Entwicklungsaufgabe gilt selbstverständlich beiden Geschlechtern, auch wenn Freud nur die männliche Entwicklung im Blick hatte. Die Wahrnehmung des Geschlechtsunterschieds und dessen psychische Realisierung stellt eine beträchtliche Anforderung an das Kind dar. Es muss sich mit seinen bisexuellen Omnipotenzphantasien auseinandersetzen, mit der fraglosen Überzeugung, beide Geschlechter sein zu können, und den Verlust integrieren, also die reale Begrenzung auf nur ein Geschlecht. Das ist die Hauptaufgabe der infantilen Genitalorganisation.

Die Kastrationsangst gilt als charakteristisch für diese Phase, analog etwa zur oralen Angst, gefressen zu werden. Sie stellt den Höhepunkt aller Ängste dar, die sich auf eine Beschädigung des Körpers beziehen. Die Intensität der Kastrationsangst entspricht der besonderen Wertschätzung des Genitales (Fenichel 1974). Die typischen Konflikte im Zusammenhang der Phallizität bestehen im Penisneid bei Mädchen und im analogen Vaginal- oder Gebärneid bei Jungen. Auch diese Konflikte ergeben sich aus der Notwendigkeit, die bisexuellen Omnipotenzphantasien aufzugeben.

Diese Überlegungen machen deutlich, dass die phallische Phase nicht notwendig paradigmatisch die männliche Entwicklung kennzeichnet. Neben der »Aneignung« des eigenen Geschlechts, des Erwerbs der Geschlechtsidentität, geht es meines Erachtens grundlegender noch um die Wahrnehmung des Kindes, überhaupt ein Geschlecht zu haben. Das Geschlecht wird in dieser Phase zum einen als (weitere) Kategorie zur Unterscheidung von Menschen relevant und zum andern steht es – wesentlicher noch – für das Begehren: Das Kind wird zum Subjekt seines Begehrens, es wird sich seines Begehrens bewusst. Dies zeigt sich insbesondere in der ödipalen Konstellation.

Der Ödipuskonflikt wird zu Recht als zentraler Knotenpunkt in der sexuellen Entwicklung betrachtet. In der phallischen Phase eignet sich das Kind (aktiv) das an, was ihm bis dahin (passiv) widerfahren ist. Mit der Aneignung der Phallizität dreht es die Konstellation der allgemeinen Verführungssituation um. Aus dem verführten Kind wird ein Verführer oder eine Verführerin. Im Unterschied zu den vorangegangenen Phasen wird es sich seiner Fähigkeit, andere zu verführen, auch bewusst. Ich schlage daher vor, den Akzent der phallischen Phase auf die Aneignung des Begehrens zu setzen; so lässt sich die von Freud formulierte Alternative – einen Phallus haben oder kastriert sein – auf die Fähigkeit beider Geschlechter beziehen, Lust zu empfinden und sich als Subjekt dieses Begehrens zu erleben.

Und doch bleibt die Problematik der freudschen Konstruktion eines phallischen Monismus, der eine Gleichsetzung von »Phallus« mit dem männlichen Genitale und damit eine Wertigkeit zwischen den Geschlechtern unterstellt. Bei der Alternative – einen Phallus/Penis haben oder kastriert sein – ist die weibliche Entwicklung unausweichlich durch einen fundamentalen Mangel gekennzeichnet. Die Kritik an dieser Konzeptualisierung von Weiblichkeit begann schon zu Freuds Lebzeiten, etwa durch Karen Horney, und hält bis in die Gegenwart hinein an.

Beim Mädchen wird die phallische Sexualität im Allgemeinen mit der Erregbarkeit der Klitoris in Zusammenhang gebracht. In ihrer engagierten Kontroverse über die weibliche Sexualität mit Sigmund Freud und Ernest Jones sieht Karen Horney (1933) in der erhöhten Erogenität der Klitoris sogar einen überkompensatorischen Ersatz für eine Verleugnung der Vagina. Wie auch immer deren unterschiedliche Bedeutsamkeit eingeschätzt werden mag, festzuhalten ist, dass die infantil-genitale Sexualität des Mädchens durch zwei führende erogene Zonen gekennzeichnet ist: Klitoris und Vagina.

Nach Otto Fenichel (1974, S. 123) hat auch das männliche Genitale – seiner bisexuellen Natur entsprechend – zwei solche Zentren: Penis und Colliculus seminalis, einen Punkt im prostatischen Teil der Harnröhre. Insbesondere Männer mit ausgeprägten passiv-analen oder urethralen Bestrebungen benennen diese Stelle – oder häufig irrtümlich die in der Nähe befindliche Peniswurzel oder das Perineum – als Ort intensivster sexueller Empfindungen.

Die genitale Erogenität ist ebenso ursprünglich wie die orale oder die anale; die erogenen Zonen werden nicht verschoben, sondern bleiben nebeneinander bestehen. Dennoch vollzieht sich im Laufe der Entwicklung eine Konzentration auf die genitale Erregung. Die anderen Körperbereiche verlieren an Erogenität; sie geben ihre Besetzung teilweise an die Genitalien ab. Nur im Falle von Fixierungen unterbleiben diese Verschiebungen, und die prägenitale Erregbarkeit bleibt in voller Stärke erhalten, was allerdings – nach Freud – zu Einschränkungen der genitalen Sexualität führen kann.

Ebenso wie die anderen Formen der Lust besteht auch die Genitalerotik von Beginn des Lebens an; genitale Masturbation ist schon bei Säuglingen zu beobachten. Harn- und Geschlechtsorgane sind weitgehend identisch, und deshalb sind die ersten genitalen Bestrebungen eng mit den urethralerotischen verbunden. Die infantile Genitalität findet hauptsächlich Ausdruck in der Masturbation, eher selten sind Interaktionen mit anderen, wie etwa Handlungen, die dem Geschlechtsverkehr der Erwachsenen ähneln. Während die Säuglingsmasturbation im Wesentlichen in einer einfachen Reizung der Genitalien besteht, wird sie in der phallischen Phase erstmals mit Phantasien verbunden, die sich auf Objekte beziehen (Fenichel 1974).

René Spitz (1962) beschreibt die frühkindliche Masturbation als Indikator für eine gesunde Entwicklung des Kleinkindes. Bei seiner Untersuchung der kindlichen Entwicklung während der ersten drei Lebensjahre stellt er einen Zusammenhang zwischen der Qualität der Mutter-Kind-Beziehung und dem Auftreten infantiler autoerotischer Aktivitäten fest. Genitale Spiele beobachtet er bei Kindern mit einer guten Mutter-Beziehung signifikant häufiger.

Darüber hinaus gelten diese Spiele auch als Indikator für den Entwicklungsstand des Kindes. Das Ausbleiben genitaler Spiele betrachtet Spitz sogar als Hinweis auf eine Entwicklungsstörung. Auch das – nicht verbotsbegründete – Aufgeben der Masturbation im Grundschulalter könne auf eine Störung der psychosexuellen

Entwicklung verweisen. Virgina L. Clower (1980) schließt aus dem Bedürfnis, die eigenen Genitalien zu berühren, dass Kinder die angenehmen Gefühle wieder hervorrufen wollten, die sie im Rahmen der Pflegehandlungen durch Mutter oder Vater erfahren hätten.

Andere Autorinnen wie Maria Torok (1974) deuten die infantile Masturbation als Form eines Separationsverhaltens, mit dem sich das Kind von der Mutter löse. Die Masturbation diene dem kindlichen Wunsch nach Autonomie: »Da ich es mir selbst machen kann, habe ich diejenigen überwunden, die mir die Lust nach ihrem Gutdünken gewährt oder verboten haben« (ebd., S. 205). Die infantile Sexualität wird als emanzipatorischer Akt aufgefasst, der für Mädchen noch wichtiger sei als für Jungen, die sich aufgrund ihres »anderen« Körpers leichter von der Mutter abgrenzen können.

Wie bedeutsam die Masturbation für die Separation ist, wird auch durch empirische Befunde bestätigt, nach denen Mädchen und Frauen seltener masturbieren als gleichaltrige Jungen und Männer (Schmidt et al. 1992). Dies verweist darauf, wie ungleich schwieriger sich die Abgrenzung der Tochter von der Mutter gestaltet und wie stark dadurch auch die Entwicklung ihrer sexuellen Autonomie beeinträchtigt wird.

Sigmund Freud begreift Masturbation als primär autoerotische Handlung; der Objektbezug kommt in dieser Sichtweise erst später hinzu. Den Autoerotismus bezeichnet er als das wichtigste Merkmal der infantilen Sexualität, wenngleich er anmerkt, dass es sich um eine sekundäre Entwicklung handle, mit der sich das Kind von der Mutterbrust unabhängig macht.

Während Freud in seiner Theoriebildung die fortschreitende Unabhängigkeit des Kindes fokussiert – das Kind löst sich von der Mutter, indem es sich selbst zum Objekt wählt –, spezifiziert Ernst Simmel (1948) diesen Vorgang im Hinblick auf seine Bedeutung im Beziehungsgeschehen von Erwachsenem und Kind und beschreibt die kindliche Masturbation als soziale Handlung, als Verarbeitung von Verlust. Er schreibt:

> »Die Masturbation kann auf der Stufe, auf der das Kind seine Objektbeziehungen ausbildet, als eine erste soziale Handlung angesehen werden. Das Kind entzieht sich nämlich durch diese Betätigung dem

> versagenden Objekt, welches seine Liebe zurückweist und seine aggressiven, destruktiven Reaktionen stimuliert. Es findet am eigenen Körper eine Ersatzbefriedigung für das narzißtische Trauma. Es ersetzt das Objekt, indem es das eigene Genitale zum Objekt wählt. So findet es einen Weg, an sich selbst objektgerichtete erotische und aggressive Strebungen zu entladen. Es hat damit der direkten Triebbefriedigung durch ein reales Objekt entsagt, aber es erhält in der Vorstellung mit den Onaniephantasien eine Beziehung zu ihm aufrecht« (Simmel 1948, zit. n. Spitz 1961, S. 25f.).

Aus dieser ebenso knapp wie plausibel skizzierten Psychodynamik der infantilen Masturbation lässt sich schließen, dass die freudsche These vom Autoerotismus der kindlichen Sexualität wenig angemessen ist. Wie zahlreiche Untersuchungen ergaben, sind zufriedenstellende Objektbeziehungen vielmehr eine Voraussetzung für die Masturbation (Spitz 1961, S. 43). Das Kind ist in seinem Luststreben nicht unabhängig von der Mutter oder allgemein von Erwachsenen, sondern bleibt auf sie bezogen, auch – oder gerade – wenn es sich abwendet. Die Aufrechterhaltung der Beziehung erfolgt – wie Simmel darlegt – phantasmatisch, wie etwa in den Onaniephantasien. Die Phantasie erweist sich somit als Form der Verarbeitung von »Realität«, in diesem Fall als Bewältigung eines Verlusts oder einer Trennung.

Darüber hinaus betrachte ich die Masturbation als eine Form von Erinnerung, die das nie wiederzuerlangende primäre Befriedigungserlebnis (Freud 1900a) bewahrt. Auch wenn die Masturbation stets aufs Neue den Verlust wiederbelebt, ermöglicht sie zugleich die Überwindung der Trennung. Dies geschieht nun nicht nur phantasmatisch – auf dem Wege der Phantasie –, wie bei Simmel beschrieben, sondern auch handlungs- und körperbezogen. Die Frage wäre, ob sich in der Masturbation das wiederholt, was der Säugling als elterliche Zuwendung und Pflegehandlung erlebt hat. Er würde damit zum einen aktiv wiederholen, was ihm passiv widerfahren ist; zum andern wäre es nicht reine Wiederholung, sondern immer auch Neu- und Umgestaltung, eine Form von Umschrift. So sind es nicht nur die Eltern und die elementaren organischen Bedürfnisse, die den sexuell erregbaren Körper des Kindes strukturieren, sondern auch das Kind selbst durch seine Masturbationshandlungen.

In der freudschen Systematik der psychosexuellen Entwicklung nimmt die phallische Sexualität meines Erachtens eine eigentümliche Doppelstellung ein, die durch seine einseitige Fokussierung der männlichen Entwicklung zustande kommt. Die phallische Sexualität ist einerseits – analog zur oralen, analen und urethralen Sexualität – ein Partialtrieb, also eine Ausdrucksform infantiler Sexualität, die für beide Geschlechter gilt. Andererseits geht sie im Ödipuskomplex – als Teil der phallischen Phase – aus der Identifizierung des Knaben mit dem Vater hervor, das heißt, die Phallizität kennzeichnet bei Freud auch die erwachsene männliche Sexualität. Aber diese Konzeptualisierung bedeutet eine Integration genitaler Sexualität unter einen jener Partialtriebe, die sich ihr – zumindest nach der freudschen Vorstellung – gerade unterordnen sollten.

Aus diesem Grunde möchte ich vorschlagen, die Phallizität als eine Form infantiler Sexualität zu betrachten, die sich bei Jungen *und* Mädchen findet, und die erwachsene männliche Sexualität davon abzugrenzen. Letztere besteht aus meiner Sicht vielmehr in der Integration der bisexuellen Anteile, der »männlich«-phallischen und der »weiblich«-rezeptiven Formen. Bezogen auf den männlichen Körper bedeutet das in Fenichels Sinne die Integration der beiden genitalen Zentren, des Penis und des Colliculus seminalis, also die Integration von innerer und äußerer männlicher Genitalität, die ich weiter unten noch ausführlicher darstellen werde. Diese Integration erfolgt analog bei der weiblichen Sexualität, in der die »männlichen« und die »weiblichen« Anteile den verschiedenen Bereichen des weiblichen Genitales zugeordnet werden können, den »männlich«-klitoralen und den »weiblich«-vaginalen Lust- und Befriedigungsmodalitäten.

Diese Zuordnung folgt der traditionellen Psychoanalyse im Hinblick auf die Unterscheidung einer klitoridalen Sexualität, die als »männlich« betrachtet wird, und einer »vaginalen«, die als »weiblich« gilt. Es ist indes fraglich, ob eine solche Unterscheidung nicht mehr Verwirrung stiftet – man denke etwa an die fruchtlose Debatte um den vaginalen oder klitoridalen Orgasmus –, als sie zum Verständnis des grundsätzlich bisexuellen Charakters der Sexualität bei Männern und bei Frauen beitragen kann.

Im Unterschied zur freudschen Konzeption betrachte ich die

Integration »männlicher« und »weiblicher« Anteile nicht als einen Wechsel der erogenen Leitzonen, sondern vielmehr als eine Verbindung zu einer umfassenden Einheit. Die männliche sexuelle Entwicklung erfordert eine ebensolche Integration, die allerdings durch den Primat des Phallischen zumeist verdeckt wird und anatomisch auch nicht so offensichtlich ist wie beim weiblichen Körper.

Ödipales Begehren

Den Höhepunkt und Abschluss der phallischen Phase in der infantilen Genitalorganisation bildet der Ödipuskomplex. Er spielt eine grundlegende Rolle in der Strukturierung der Persönlichkeit im Allgemeinen und der Sexualität im Besonderen. Trotz seiner zentralen Bedeutung hat Sigmund Freud dieses Konzept nie systematisch ausgeführt (vgl. Laplanche/Pontalis 1972). Seine strukturbildende Funktion zielt auf synchroner Ebene auf die Anerkennung der Begrenztheit des eigenen Geschlechts und auf diachroner Ebene auf die Anerkennung der Generationendifferenz. Entscheidend in diesem Zusammenhang ist die Errichtung des Inzesttabus. Im Hinblick auf die Entwicklung der Sexualität ist die Gleichzeitigkeit einer homosexuellen und einer heterosexuellen Objektwahl hervorzuheben.

Freud formulierte sein Konzept des Ödipuskomplexes etwa zu der Zeit, als er die Verführungstheorie im Rahmen seiner Selbstanalyse aufgab (vgl. Briefe an Wilhelm Fließ Nr. 139, 141, 142 vom September und Oktober 1897). Freud schreibt (Masson 1986):

> »Ein einziger Gedanke von bleibendem Wert ist mir aufgegangen. Ich habe die Verliebtheit in die Mutter und die Eifersucht gegen den Vater auch bei mir selbst gefunden und halte sie jetzt für ein allgemeines Ereignis früher Kindheit [...]. Wenn das so ist, versteht man die packende Macht des Königs Ödipus trotz aller Einwendungen, die der Verstand gegen die Fatumsvoraussetzungen erhebt [...]. Jeder der Hörer war einmal im Keime und in der Phantasie ein solcher Ödipus, und vor der hier in die Realität gezogenen Traumerfüllung schaudert jeder zurück mit dem ganzen Betrag der Verdrängung, der seinen infantilen Zustand von seinem heutigen trennt« (ebd., S. 293).

Freud (1923b) unterscheidet eine sogenannte »positive« und eine »negative« Form des Ödipuskomplexes, die – abhängig von der ursprünglichen Bisexualität des Kindes – zusammen den »vollständigen« Ödipuskomplex bilden. Die positive Form lehnt sich an den Ödipusmythos an und beschreibt die Liebe zum gegengeschlechtlichen Elternteil bei gleichzeitiger Rivalität und bei Todeswünschen gegenüber dem gleichgeschlechtlichen. In der negativen Form gilt die Liebe dem Elternteil gleichen Geschlechts, während sich die Rivalität gegenüber dem anderen Geschlecht findet: »Der Knabe hat nicht nur eine ambivalente Einstellung zum Vater und eine zärtliche Objektwahl für die Mutter, sondern er benimmt sich auch gleichzeitig wie ein Mädchen, er zeigt die zärtliche, feminine Einstellung zum Vater und die ihr entsprechende eifersüchtig-feindselige gegen die Mutter« (ebd., S. 261). Die Ambivalenz, die aus der Bisexualität resultiert, kennzeichnet die Objektbeziehung zu beiden Elternteilen.

Aus diesen vier Strebungen gehen bei der Auflösung des Komplexes eine Vater- und eine Mutteridentifizierung hervor. Die Identifizierung mit dem Vater hält das Mutterobjekt des positiven Komplexes (im Falle des Knaben) fest und ersetzt gleichzeitig das Vaterobjekt des negativen Komplexes; die Identifizierung mit der Mutter verläuft analog. Dieser Mechanismus der Ersetzung einer Objektbeziehung durch Identifizierung und Introjektion des früheren Objekts findet sich erstmals in Freuds Leonardo-Studie, in der er eine homosexuelle Entwicklung beschreibt: Der Knabe ersetzt seine Liebe zur Mutter, indem er sich mit ihr identifiziert (Freud 1910c). In *Das Ich und das Es* (1923b) skizziert Freud schließlich die Entstehung des Über-Ichs aus diesen Identifizierungen, die an die Stelle der ödipalen Objektbesetzungen treten.

Freud sieht den Ausgang der Ödipussituation in Vater- oder in Mutteridentifizierung bei beiden Geschlechtern als abhängig von der relativen Stärke der beiden Geschlechtsanlagen, die er als biologisch angelegt versteht. Ihren Ausdruck finden sie in der verschieden starken Ausprägung der beiden Identifizierungen:

> »So kann man als allgemeinstes Ergebnis der vom Ödipuskomplex beherrschten Sexualphase einen Niederschlag im Ich annehmen,

> welcher in der Herstellung dieser beiden, irgendwie miteinander vereinbarten Identifizierungen besteht. Diese Ichveränderung behält ihre Sonderstellung, sie tritt dem anderen Inhalt des Ichs als Ichideal oder Über-Ich entgegen« (ebd., S. 262).

Unklar bleibt, warum Freud die Geschlechtsanlagen als biologisch angelegt begreift, wo er sie doch zugleich als Resultat von Identifizierungen, demnach als Ergebnis sozialer Interaktionen beschreibt. Wichtig ist aber festzuhalten, dass das Über-Ich an die Stelle der aufgegebenen Liebesbeziehung tritt; dadurch wird diese gleichsam als Introjekt in der psychischen Struktur bewahrt (zum melancholischen Modus der Geschlechtsentwicklung vgl. Quindeau 2008).

Mit dem Über-Ich etabliert sich nach Freud auch die Wahl des Liebesobjekts: »Um das Bild des infantilen Sexuallebens zu vervollständigen, muß man hinzunehmen, daß häufig oder regelmäßig bereits in den Kinderjahren eine Objektwahl vollzogen wird, [...] in der Weise, daß sämtliche Sexualstrebungen die Richtung auf eine einzige Person nehmen« (Freud 1905d, S. 100). Nach dem ödipalen Spiel der homo- und heterosexuellen Komponenten erfolgt die definitive Festlegung des Liebesobjekts zweizeitig, in zwei Schüben: in der ödipalen Phase und in der Pubertät, wobei die erste der zweiten den Weg bereits vorzeichnet. Im Aufsatz *Die infantile Genitalorganisation* (1923e) geht Freud schon von einer »vollen Objektwahl« in der Kindheit aus.

Nach Freuds Vorstellung endet der Ödipuskomplex bei Mädchen und Jungen auf unterschiedliche Weise. Während er beim Knaben »an der Kastrationsdrohung zerschellt«, wird er vom Mädchen »langsam verlassen«, weil sich sein Wunsch, vom Vater ein Kind als Geschenk zu erhalten, nicht erfüllt (Freud 1924d). Die zum Komplex gehörigen libidinösen Strebungen werden verdrängt, desexualisiert und sublimiert, in zärtliche Regungen verwandelt. Indes bleiben die verdrängten ödipalen Wünsche im Unbewussten erhalten. Zumindest behauptet Freud dies für die Entwicklung des Mädchens, beim Knaben werde der Komplex idealerweise vollständig zerstört und aufgehoben. Diese Konzeptualisierung zog Kritik von vielen Seiten auf sich, die an dieser Stelle jedoch nicht näher ausgeführt werden können (vgl. Quindeau 2008).

Genitale Sexualität: Integration der inneren und äußeren Genitalien

Adoleszenz als Knotenpunkt von Umschriften

Während Freud und mit ihm viele frühe Analytiker und Analytikerinnen meist von »Pubertät« sprechen, hat sich inzwischen der Terminus »Adoleszenz« als umfassendere, sowohl auf biologische als auch auf psychosoziale Aspekte bezogene Bezeichnung durchgesetzt. In der früheren psychoanalytischen Theoriebildung wurde diese Lebensphase offenbar weitgehend vernachlässigt. Seit den 1940er Jahren nimmt die psychoanalytische Beschäftigung mit der Adoleszenz zu; umfassende Monographien legen Helene Deutsch (1944), Peter Blos (1941, 1962), Moses und M. Eglé Laufer (1984) sowie Louise Kaplan (1984) vor. Für die psychosexuelle Entwicklung und die Entwicklung der Geschlechtsidentität hat gerade dieser Lebensabschnitt große Bedeutung. Die körperliche Reifung, das Einsetzen der Menstruation und das Auftreten von Ejakulationen sowie die damit verbundene Reproduktionsfähigkeit führen zu einer Neuorganisation, einer »Umschrift«, der infantilen Sexualität.

Von Freud und Deutsch bis zu Blos, Eissler sowie Laufer und Laufer besteht Konsens im psychoanalytischen Diskurs, dass die Ablösung von den primären Liebesobjekten neben der Wiederbelebung und Bewältigung des ödipalen Konflikts die wesentliche Aufgabe der »eigentlichen« Adoleszenz als Entwicklungsphase ist. Die Adoleszenz bietet damit auch Gelegenheit, ungünstige Einflüsse der früheren kindlichen Entwicklung zu kompensieren und zu modifizieren. Kurt Eissler (1958) sieht in der Adoleszenz eine »zweite Chance«; sie ermöglicht eine Verflüssigung der bislang erworbenen psychischen Konfliktstrukturen und ihrer Verarbeitungsmuster. Jugendliche können nun den erneut aktivierten ödipalen Konflikten auf andere Weise begegnen und sich Liebesobjekten außerhalb der Familie zuwenden. Ziel sei es, die narzisstischen und bisexuellen Strebungen zu überwinden, um der Heterosexualität und der Objektliebe zum Durchbruch zu verhelfen und in der Suche nach außerfamilialen Liebesobjekten zu befriedigen.

Diese Zielbeschreibung verdeutlicht, dass alle Jugendlichen in der Adoleszenz in besonderem Maße gesellschaftlichen Ordnungsvorstellungen unterworfen werden, und die »polymorph-perverse« infantile Sexualität wird gesellschaftlich reglementiert. Belohnt wird diese »Unterwerfung« allerdings mit einer bis dahin unerreichten Lust, dem Orgasmus der genitalen Sexualität.

Sexualität wird jetzt auch in einen interpersonalen Zusammenhang gerückt: Sexuelles Handeln und Erleben beruht auf manifester Wechselseitigkeit, während die infantile Sexualität aufgrund des Inzesttabus im Wesentlichen autoerotisch ist. Die einzige Ausnahme sind (ebenfalls tabuisierte) Geschwisterbeziehungen oder erotische Spiele mit Gleichaltrigen, die sich aber zumeist auf die Vor- und Grundschulzeit beschränken.

Mit seiner Annahme der »Zweizeitigkeit« der menschlichen Sexualentwicklung, dem zweimaligen Ansetzen der sexuellen Entwicklung in zwei unterschiedlichen Lebensabschnitten – in der frühen Kindheit und der Pubertät –, untermauert Freud seine heterologe Position und betont die Differenz von infantiler und genitaler Sexualität. Die Frage ist allerdings, ob er damit der genitalen Sexualität gerecht wird, wenn er die beiden Formen so scharf voneinander abtrennt. Demgegenüber scheint es mir wichtig, die Errungenschaften des Konzepts der infantilen Sexualität – als einer nicht endogenen, nicht hierarchischen, »polymorph-perversen«, vervielfältigten Sexualität – für die genitale, erwachsene Sexualität zu »retten«. So besteht das spezifisch Menschliche an der Sexualität gerade im »Infantilen«, »Polymorph-Perversen«. Nach dieser Auffassung wird keine lineare, gleichsam naturhafte Entwicklung von einer infantilen hin zu einer reifen, erwachsenen Sexualität angenommen, sondern eine je subjektive, eine von Subjekten geprägte Geschichte der Sexualität (Passett 2005).

Aus der Perspektive der Allgemeinen Verführungstheorie, die oben ausführlich beschrieben wurde und die meinen Konzeptualisierungen zugrunde liegt, lässt sich die These der »Zweizeitigkeit« noch einmal genauer fassen: Die Adoleszenz stellt keinen Neuanfang dar, sondern eine spezifische Konstellation, einen Knotenpunkt innerhalb des Entwicklungsverlaufs, an dem sich verschiedene Umschriften auf unterschiedlichen Ebenen bündeln. Die »rätselhaften Botschaften« werden vor dem Hintergrund der körperlichen, insbesondere der genitalen Entwicklungen erneut interpretiert und zu neuen Antworten verarbeitet.

Mit der Metapher einer fortlaufenden Umschrift möchte ich einen deutlicheren Zusammenhang verschiedener Lust- und Befriedigungsmodalitäten einschließlich ihrer Konflikte konzipieren. Zugleich wird mit der Formulierung der Adoleszenz als Knotenpunkt auch der besondere Charakter einer spezifischen Lebens- und Entwicklungsphase hervorgehoben. Und schließlich ermöglicht das Konzept der Umschrift, Sozialisationserfahrungen als Einschreibungen in den Körper zu fassen. Die körperlichen Veränderungen während der Adoleszenz werden somit nicht nur als endogen-reifungsbedingt verstanden, sondern ebenso als abhängig von psychischen und sozialen Faktoren. Diese Perspektive, die den Einfluss von Interaktionserfahrungen auf den Körper und seine Struktur fokussiert, wird im psychoanalytischen Diskurs bisher stark vernachlässigt – eine wichtige Ausnahme bildet Joachim Küchenhoff in *Körper und Sprache* (2012). Ich sehe darin ein wichtiges Desiderat für weitere Forschungen.

Die Integration der äußeren und inneren Genitalien

Für das sexuelle Erleben spielt die Integration der inneren und äußeren Genitalien eine zentrale Rolle. Mit der Fähigkeit zur Reproduktion durch die Reifung der inneren Genitalien stellt sich diese psychische Aufgabe zunächst in der Adoleszenz. Sie erfolgt dort allerdings nicht ein für alle Mal, sondern wird im weiteren Verlauf des Lebens in Form einer fortwährenden Umschrift immer wieder neu hergestellt. Knotenpunkte solcher Umschriften bilden Menstruation, Schwangerschaft und Menopause im Leben einer Frau; zu diesen Zeiten sind Umschriften unumgänglich. Im Leben eines Mannes erscheint die Notwendigkeit der Integration weniger sichtbar; sie zeigt sich zumeist negativ, beispielsweise an Potenzstörungen. Auch ist bei Patienten das Gefühl für ihre eigene Fruchtbarkeit häufig wenig ausgeprägt, entsprechend übernehmen sie seltener die Verantwortung für Verhütung oder Schwangerschaftsabbruch.

Die Herausforderung der Integration der inneren und äußeren Genitalien stellt sich unabhängig vom Geschlecht und von der sexuellen Orientierung, denn es geht nicht allein um reale Schwangerschaften, sondern um die psychische Aneignung des Potenzials zur Reproduktion, unabhängig davon, ob sie realisiert wird oder nicht. Im psychoanalytischen Verständnis sind die bewussten und unbewussten Phantasien von Schwangerschaft, Gebär- und Zeugungsfähigkeit von der realen Erfahrung einer Schwangerschaft oder Zeugung sowie vom Kinderwunsch zu unterscheiden. So bedeutet der Wunsch nach einer Schwangerschaft nicht notwendig auch einen Kinderwunsch, was beim männlichen Zeugungswunsch vermutlich offensichtlicher ist als beim weiblichen Gebärwunsch.

Die Unterscheidung zwischen Phantasie und realer Umsetzung ist nicht zuletzt bedeutsam, wenn man normative Festsetzungen vermeiden will. Gerade in den Schriften früherer Analytikerinnen und Analytiker wird der Geburt eines Kindes etwa besondere Bedeutsamkeit für die Entwicklung der weiblichen Identität zugeschrieben, oder es wird die Ansicht vertreten, dass erst das eigene Kind – vorzugsweise natürlich ein Sohn – die Frau mit der »Minderwertigkeit« ihres Genitales versöhne – und dergleichen Befremdlichkeiten mehr. Nicht berücksichtigt wird dabei, dass auch Schwangerschaft und Kinderwunsch in problematischer Weise zur Bewältigung psychischer Konflikte beitragen können, wie Estela Welldon (1992) am Beispiel weiblicher Perversionen aufgezeigt hat.

Integration und Externalisierung

Die Unterscheidung einer äußeren und einer inneren Genitalität besitzt im Ansatz von Judith Kestenberg (1968) zentralen Stellenwert. Mit ihren psychobiologischen Studien zur weiblichen Sexualität reflektiert sie, ausgehend von einer biologisch-medizinischen Grundhaltung, die psychischen Auswirkungen der anatomischen Differenzen. Bedauerlicherweise sind ihre Gedanken im psychoanalytischen Diskurs nur selten zu finden. Sie ermöglichen einen präzisen Blick auf die anatomischen Strukturen und physiologischen Prozesse, die der Psychosexualität nicht nur als unabhängige Basis zugrunde liegen, sondern diese auch wesentlich formen. Und die – aus der Sicht der Allgemeinen Verführungstheorie – umgekehrt auch selbst von Beziehungserfahrungen und Phantasien geformt werden.

Kestenberg sieht im inneren Genitale den Kern des weiblichen Körper-Ichs (ebd., S. 178). Sie knüpft an Karen Horneys Überlegungen zur »Flucht vor der Weiblichkeit« an und führt die beiden Geschlechtern gemeinsame Ablehnung der Weiblichkeit auf Angst vor innergenitalen Empfindungen zurück. Als solche gelten viszerale Empfindungen aus dem Körperinneren, die zu einer überwältigenden und überflutenden Erregung führen könnten und daher externalisiert werden müssten. Der Mann könne diese Empfindungen leichter externalisieren aufgrund seiner »höheren« anatomischen Differenzierung, die mit der Vergrößerung der äußeren Genitalien und einer stärkeren Muskelentwicklung im Zusammenhang stehe.

Der jahrzehntelangen Kontroverse um den Primat von Vagina und Klitoris hält Kestenberg entgegen, dass es bei der weiblichen Sexualität auf eine spezifisch weibliche Integration ankomme und es nicht um einfache quantitative Verschiebungen in der Bedeutung des einen oder anderen Organs gehe (ebd., S. 154). Integriert werden Eigenschaften von Mund, Anus, Urethra und Phallus in eine Repräsentanz, mit der die Vagina phantasmatisch ausgestattet wird. Jegliche übermäßige Betonung eines dieser Faktoren führt zu einem Ungleichgewicht in der weiblichen Integration. Im Verlauf der normalen weiblichen Entwicklung werden Klitoris und Vagina zu einer übergreifenden Erfahrung integriert, bei der das innere Genitale dominant sei. Die Vagina kann jedoch nicht auf dieselbe Weise Dominanz erlangen wie Klitoris und Penis. Begründet wird dies mit ihrer somatischen Ausstattung, sie besitzt weit weniger sensible Nervenendigungen als die beiden anderen Organe.

Das Annehmen der Vagina als Quelle von Lust ohne Furcht ist ein wichtiger, wenngleich nicht der einzige Faktor für die erwachsene weibliche Integration. Die Entwicklung des Mädchens ist gekennzeichnet durch fortwährende Phasen von Sexualisierung und Desexualisierung der Vagina, von Besetzungsverschiebungen vom Inneren nach außen und umgekehrt. All dies bildet eine Gesamtrepräsentanz des Genitales, in der die einzelnen Teile in Übereinstimmung miteinander funktionieren, wenn sie auch auf unterschiedliche Weise an der sexuellen Erregungsabfuhr und der Reproduktion beteiligt sind. Als »mittleres« Organ zwischen den proximalen Eierstöcken und Eileitern und der distalen Klitoris besitzt die Vagina die Doppelfunktion von Desexualisierung, wenn sie der Ausstoßung, und Sexualisierung, wenn sie der Aufnahme dient. Sie ist damit auf einzigartige Weise zugleich sowohl auf Externalisierung als auch auf Internalisierung, auf Erregung und auf Reproduktion eingestellt.

Mit diesen Überlegungen tritt Judith Kestenberg der These eines einmaligen Wechsels der erogenen Leitzone von der Klitoris zur Vagina entgegen, wie sie Freud und andere vertreten. Es handelt sich vielmehr um eine fortwährende Besetzungsverschiebung und nicht um einen einmaligen Akt in der Adoleszenz.

Mit der Konflikthaftigkeit der psychischen Aneignung der weiblichen Genitalität in der Adoleszenz befasst sich Vera King (1995), insbesondere vor dem Hintergrund einer kulturellen Entwertung von Weiblichkeit, die auf einem Antagonismus von Mütterlichkeit und sexueller Leidenschaft beruht (vgl. Poluda-Korte 1986). Die junge Frau steht damit vor dem Dilemma, dass zwar einerseits die wichtigen körperlichen Veränderungen der Pubertät wie das Wachsen der Brüste, die Menstruation und vaginale Lustgefühle mit sexuellen Phantasien und Wünschen verknüpft sind, aber andererseits das kulturelle Bild der Mutter mit Sexualität unvereinbar erscheint. Daher gestaltet sich die positive Besetzung weiblicher Genitalität und oft auch des gesamten weiblichen Körpers in hohem Maße konflikthaft.

Hinzu kommt, dass in der kulturell isolierten und entwerteten Sphäre der Mütterlichkeit zugleich auch höchst bedrohliche Bilder einer allmächtigen Mutter und eines von der Mutter depotenzierten, »kastrierten« Vaters erzeugt werden. Entsprechend ist es für das Mädchen viel schwerer, das Begehren der Mutter anzuerkennen und ihre eigenen Erregungen in diesem Begehren zu »spiegeln«, das heißt sich mit der Mutter zu identifizieren und zu rivalisieren. Körperlich so zu sein wie die Mutter ist daher für die Tochter zugleich erregend und angsterzeugend. Im Begehren der Mutter erkennt die Tochter ihr eigenes Begehren wieder und umgekehrt. Dieses Wiedererkennen impliziert sowohl eine homoerotisch-narzisstische

Komponente in der Beziehung von Mutter und Tochter als auch die Wahrnehmung lustvollen Begehrens zwischen den Eltern (King 1995).

Diese Vorstellung einer wechselseitigen Formation des Begehrens von Mutter und Tochter erscheint mir äußerst aufschlussreich. Allerdings sehe ich dabei weniger den Charakter einer »Spiegelung« als vielmehr einer wechselseitigen Neugestaltung und -inszenierung. Zu fragen wäre auch, welche Rolle der Vater, der Mann in der adoleszenten Neuinszenierung des weiblichen Begehrens, spielen könnte.

Abwehrorganisation innergenitaler Empfindungen

Der Vorgang der Externalisierung findet sich nun nicht nur in der weiblichen, sondern ebenso in der Entwicklung männlicher Sexualität. Nach Judith Kestenberg (1968) neigen Männer dazu, die angsterzeugenden Repräsentationen ihres eigenen Körperinneren nach außen zu projizieren und sie den Frauen zuzuschreiben. Dementsprechend nehmen sie eigene innere Empfindungen im Genitalbereich nur selten wahr, was sich klinisch etwa daran zeigt, dass Männer kaum über ihre Hoden oder ihre Prostata – außer im Krankheitsfall – sprechen.

Bereits im frühen Kindesalter gehen diffuse, unbestimmbare Empfindungen nicht nur von den Hoden, sondern auch vom Beckenbereich aus. Die Externalisierung und Verleugnung des »Inneren« ist entscheidend für die libidinöse Besetzung des Penis. Gleichwohl ist es für die weitere männliche Entwicklung wichtig, die Projektion des »Inneren« auf die Frau wieder zurückzunehmen und in das eigene Körperbild zu integrieren, denn nur so gelingt ein Zugang zu den eigenen inneren Empfindungen, Spannungen und den dazugehörigen Phantasien. Analog zur weiblichen Entwicklung vollziehen sich die Prozesse der Externalisierung und der Internalisierung auch beim Mann nicht ein für alle Mal, sondern wechseln sich im Laufe des Lebens beständig ab.

Klinische Beobachtungen machen eine komplexe Abwehrorganisation innergenitaler Empfindungen des Mannes sichtbar. Judith Kestenberg (ebd., S. 45f.) nennt eine Reihe defensiver

Prozesse, die sowohl einzeln als auch miteinander verknüpft auftreten können, etwa:

- regressiver Besetzungswechsel von den Hoden und anderen Teilen des inneren Genitales auf benachbarte, prägenitale erogene Zonen wie Anus und Urethra;
- Externalisierung der inneren Spannungen und Impulse auf den Penis mit dem daraus folgenden Bedeutungswechsel der Kastrationsangst;
- Gleichsetzung der inneren Genitalien mit Weiblichkeit und/ oder Unreife;
- Ausdehnung der phobischen Vermeidung und Isolierung des inneren männlichen Genitales auf die Genitalien der Frau.

Diese Abwehrmechanismen schützen vor der Gefahr der Überwältigung durch genital-viszerale Empfindungen. Wie andere Abwehrmechanismen auch, sind sie zunächst Teil jeder männlichen Entwicklung; pathogenen Charakter erhalten sie nur, wenn sie ihre Flexibilität und Austauschbarkeit verlieren und sich aufgrund bestimmter Umstände verfestigen und chronifizieren. Im Gegensatz zu Melanie Klein, die die Ansicht vertritt, der Mann müsse »zur Erlangung der vollen Potenz« seine Weiblichkeit, die mit Innergenitalität gleichgesetzt wird, aufgeben, lässt sich mit Kestenberg gerade das Gegenteil begründen: Die Notwendigkeit einer Integration der Innergenitalität gilt gleichermaßen für beide Geschlechter.

Die Externalisierung zeigt sich in der Therapie auch in der Übertragung. Judith Kestenberg berichtet etwa von Patienten, die durch die Art und Weise, wie sie anderen keine Ruhe ließen oder ständig herumnörgelten, zum Ausdruck brächten, dass etwas in ihnen sie sehr bedränge. Wenngleich diese Männer oft intensiv mit ihrem Körper beschäftigt gewesen seien, führten sie etwaiges Unbehagen niemals auf genitale, sondern ausschließlich auf gastrointestinale oder anale Empfindungen zurück. In diesen Behandlungen erkannte Kestenberg die Notwendigkeit, nicht nur die Ängste der Patienten vor dem »weiblichen« Körperinneren zu analysieren, sondern auch die über das eigene, »männliche« Körperinnere.

An einem Fallbeispiel zeigt Kestenberg (ebd., S. 52) solch

eine Fokussierung der inneren Empfindungen und der davon ausgehenden Ängste:

> Ein erfolgreicher Tierarzt kommt wegen »ehelicher Disharmonien« in die Behandlung. Seine zu geringe Spermienzahl sei der Grund für die Kinderlosigkeit seiner Ehe gewesen, allerdings habe er nicht darunter gelitten, weil er Kinder sowieso nicht mögen würde. Die »Frigidität« seiner Ehefrau habe ihn allerdings in eine ausschließlich sexuelle Beziehung zu einer anderen Frau getrieben. Der Mann klagt in den Sitzungen über seine Ehefrau, die langweilig, besserwisserisch und eingebildet sei. Seine Rachephantasien agiert er, indem er ihr beim Geschlechtsakt den Samen vorenthält – er erlebe seinen Orgasmus mit ihr ohne Ejakulation. Seine Freundin hingegen habe er mit seinem Ejakulat »gefüttert«, indem er von ihr erwartet habe, dass sie es schluckte.
>
> Die Analyse enthüllt ein komplexes inneres Kontrollsystem, mit dem der Patient seine diffusen inneren Empfindungen einzuschränken und zu kontrollieren sucht. Er hat sich über einige Jahrzehnte hinweg ein inneres Netzwerk erarbeitet, das er kontrolliert und dem er nicht erlaubt, dass es ihn kontrolliert. Allerdings ist es ihm dabei nicht gelungen, die Kontrolle auch auf seinen Penis auszudehnen. Dieser ist unbewusst vielmehr ein gefährliches Organ geblieben, das sich jeglicher Kontrolle entzieht.
>
> In dem Maße, wie er die Externalisierung auf seine Frau sowie die Aufspaltung von Ehefrau und Freundin zurücknehmen kann, wird ihm seine Frau wichtiger, und er kann mit ihr besprechen, was er in sexueller Hinsicht von ihr erwartet. Dieser Prozess ist, so Kestenberg, mit vorübergehenden Erektionsstörungen einhergegangen, da er seine Befürchtungen über sein Inneres zeitweise auf seinen Penis übertragen hat. Jedoch ist es ihm zunehmend gelungen, sich vorstellen zu können, ein Kind zu haben; mit der Zeit konnte er dem Kontakt mit Kindern – etwa in seiner tierärztlichen Sprechstunde – erheblich mehr abgewinnen. In der Folge hat sich auch seine Spermienproduktion erhöht, sodass er sich nicht mehr unfruchtbar fühlen und seiner Frau den Samen vorenthalten musste. In dem Maße, in dem sein Penis gegenüber dem Inneren an Bedeutung gewonnen hat, sind die Erektionen wieder zuverlässiger geworden. Der Patient gewann zugleich an Selbstvertrauen, ist mutiger geworden und konkurrierender mit anderen Männern. Seine Angst, sich selbst oder andere zu verletzen, wenn er seiner Aggression freien Lauf ließe, hat sich erheblich verringert.

Diese überzeugende Fallgeschichte macht deutlich, wie wichtig die Analyse der inneren genitalen Empfindungen auch bei Patienten ist, die etwa in diesem Fall ein komplexes inneres Kontrollsystem enthüllte, das den sexuellen Störungen des Patienten zugrunde lag.

Erst die Integration der inneren Genitalität ermöglicht den phantasmatischen, spielerischen Wechsel von Externalisierung und Internalisierung im sexuellen Erleben. Damit die innere Genitalität auch in der männlichen Entwicklung integriert werden kann, ist es notwendig, sie von der Mutter zu lösen. Das Haupthindernis für Jungen bei der Annahme ihrer inneren Genitalität scheint mir darin zu bestehen, dass das innere Genitale so unverbrüchlich mit der Mutter assoziiert ist und daher mit Weiblichkeit gleichgesetzt wird. Während sich das Mädchen diesen Ort identifikatorisch aneignen kann, muss der Junge ihn erst von der Weiblichkeit lösen, um ihn in sein männliches Körperbild integrieren zu können. Erschwerend kommt hinzu, dass die innere Genitalität weit weniger als die äußere durch gezielte Handlungen beeinflussbar ist, zumindest scheint man innergenitalen Empfindungen in höherem Maße *ausgesetzt* zu sein, sodass auch diese Form von »Passivität« integriert werden muss.

Auf die weitgehende Ausblendung der inneren Genitalität von Männern verweist auch Mary Jane Sherfey (1974) am Rande ihrer ebenfalls klassischen psychobiologischen Untersuchungen. Mit ihren anatomischen Überlegungen macht sie auf den wichtigen Aspekt aufmerksam, dass der männliche Unterleib, der untere Bauchraum, der Bereich des Beckens – im Unterschied zu dem der Frau – sowohl im Alltags- als auch im traditionellen wissenschaftlichen Verständnis weit weniger sexuelle Bedeutung besitzt. Der Penis wird vielmehr zumeist als *äußeres* Organ begriffen, seine Einbettung im Bauchraum, seine Verbindung zu anderen Strukturen werde dagegen kaum wahrgenommen (Sherfey 1974, S. 231; ausführlich vgl. Quindeau 2008).

Nicht nur im psychoanalytischen Diskurs, sondern auch darüber hinaus, insbesondere im Zuge der zweiten Frauenbewegung in den siebziger Jahren, wurde die Debatte um die Frage eines vaginalen oder klitoridalen Orgasmus verstärkt geführt und scheint bis heute nicht wirklich abgeschlossen. Diese Debatte offenbart ein wenig angemessenes, mechanistisches Verständnis von Sexualität (vgl. dazu zur Nieden 2004). Das Konzept zweier unterschiedlicher weiblicher Orgasmusmodalitäten geht nicht – wie häufig unterstellt – auf Freud zurück, der zwar die Vagina als leitende erogene Zone der Frau bezeichnet, aber keineswegs konkrete anatomische Orte als entscheidend für den Orgasmus definiert. Im Unterschied dazu werteten nachfolgende Analytikerinnen und Analytiker (vgl. etwa Deutsch 1944) den »vaginalen« Orgasmus als Zeichen »reifer« Weiblichkeit; während andere wie Karen Horney (1933) und Mary Jane Sherfey (1974) dies gleichzeitig kritisierten.

Sabine zur Nieden weist darauf hin, dass in der oft ideologiebehafteten Debatte völlig unreflektiert die Frage nach einer möglichen vaginalen Empfindsamkeit gleichgesetzt werde mit der koitalen Orgasmusfähigkeit; verhandelt werde damit im Wesentlichen die Frage nach dem Koitus als einzig normaler Sexualpraktik. Unterstützt wird diese Einschätzung durch empirische und sexualphysiologische Studien wie die von Masters und Johnson (1967), die keinerlei Hinweise auf unterschiedliche biologische Orgasmusmodalitäten bei der Frau ergaben. Und schließlich lässt sich der Orgasmus nicht anatomisch oder physiologisch »zerlegen«, weil kein Organ – weder Vagina noch Klitoris – losgelöst vom übrigen Körper reagiert, und der Orgasmus eine komplexe Reaktion sowohl des Gesamtorganismus als auch der Psyche darstellt.

Sexuelle Phantasien

Ein wesentliches Kennzeichen menschlicher Sexualität liegt darin, dass die sexuelle Erregung weitgehend unabhängig von sinnlicher Wahrnehmung ist und ebenso von Phantasien und Erinnerungen ausgelöst werden kann. Das macht die sexuelle Erregung zu einem hochkomplexen, vielschichtigen psychischen Geschehen, das nicht allein in mechanisch-technischer Weise durch bestimmte Reize aktiviert werden kann. Vielmehr resultiert sie aus einem Zusammenspiel von Phantasie und Erinnerung, das durch taktile und kinästhetische ebenso wie visuelle und auditive Wahrnehmungen intensiviert wird.

In seinen frühen Schriften, in den Briefen an Wilhelm Fließ

(Masson 1986), beschreibt Freud einen engen Zusammenhang von Phantasie und Erinnerung. Ebenso wie die Erinnerung beruht die Phantasie auf Wahrnehmungen wie auditiven Eindrücken, die nachträglich verwertet und ausgestaltet werden. Phantasien stellen demnach Verarbeitungsformen von Erinnerungsspuren dar. Dieser lebensgeschichtliche Ursprung der Phantasie wird in Freuds späteren Schriften zunehmend zugunsten universeller, phylogenetischer Phantasiebildungen verworfen, und doch ist er gerade im Hinblick auf das sexuelle Begehren interessant.

Während Freud die »Urszene« – der sexuelle Akt zwischen den Eltern als Ursprung der eigenen Existenz – im Wesentlichen für die Ätiologie hysterischer Erkrankungen in Betracht zieht, sehe ich sie darüber hinaus vor dem Hintergrund der allgemeinen Verführungsszene zwischen Erwachsenem und Kind als Form der Verarbeitung dieser Verführung. Die Urszene ist damit eine universelle Ausdrucksgestalt sexueller Phantasiebildung, eine Art Prototyp, aus dem sich im Verlauf des Lebens verschiedenste Variationsformen entwickeln.

Im Unterschied zu Konzeptualisierungen, welche die Urszene als universelle Struktur oder als phylogenetische Erbschaft verstehen, beruht diese Phantasie meines Erachtens auf konkreten Wahrnehmungen, die gleichwohl in einem gesellschaftlich vorgegebenen Schema – der Triade von Vater, Mutter, Kind – organisiert werden. In diese Urszene gehen Wahrnehmungen unterschiedlichster Herkunft ein; die konkrete Wahrnehmung elterlichen Geschlechtsverkehrs ist dabei weder notwendig noch in besonderer Weise förderlich für die Konstruktion dieser Szene. Allerdings haben die konkreten Interaktionserfahrungen mit den Eltern und anderen Bezugspersonen große Bedeutung. Insbesondere gilt dies für die Intromission des sexuellen Begehrens der Eltern in der universellen Verführungssituation.

Diese unbewussten Dimensionen der Eltern-Kind-Interaktion werden in und mit der Urszene verarbeitet. Diese Szene wird dabei gleichsam zum Organisator, zur Strukturierungshilfe der »rätselhaften« Botschaften, sie bündelt diese Botschaften wie ein Prisma und gibt ihnen auf diese Weise nachträglich eine Form.

Diese Urszenen-Konstrukte verändern sich nun im Laufe der kindlichen Entwicklung und des Erwachsenenalters. Idealtypisch unterliegen sie – analog den Erinnerungen – einem permanenten Prozess nachträglicher Umschrift. Sie werden dabei sowohl der jeweils aktuellen kognitiven und affektiven (Entwicklungs-)Lage angepasst als auch entsprechend den Bedürfnissen und insbesondere den unbewussten Konfliktkonstellationen der jeweiligen Gegenwart verändert.

> »Die Produkte dieser phantasierenden Tätigkeit [...] dürfen wir uns nicht als starr und unveränderlich vorstellen. Sie schmiegen sich vielmehr den wechselnden Lebenseindrücken an, verändern sich mit jeder Schwankung der Lebenslage, empfangen von jedem wirksamen neuen Eindrucke eine sogenannte ›Zeitmarke‹. Das Verhältnis der Phantasie zur Zeit ist überhaupt sehr bedeutsam. Man darf sagen: eine Phantasie schwebt gleichsam zwischen drei Zeiten, den drei Zeitmomenten unseres Vorstellens. Die *seelische Arbeit* knüpft an einen aktuellen Eindruck, einen Anlaß in der Gegenwart an, der imstande war, einen der großen Wünsche der Person zu wecken, greift von da aus auf die *Erinnerung* eines früheren, meist infantilen, Erlebnisses zurück, in dem jener Wunsch erfüllt war, und schafft nun eine auf die Zukunft bezogene Situation, welche sich als die Erfüllung jenes Wunsches darstellt, eben den Tagtraum oder die Phantasie, die nun die Spuren ihrer Herkunft vom Anlasse und von der Erinnerung an sich trägt. Also Vergangenes, Gegenwärtiges, Zukünftiges wie an der Schnur des durchlaufenden Wunsches aneinandergereiht« (Freud 1908e, S. 217f.).

Wenngleich Freud diese Überlegungen im Zusammenhang künstlerischer Phantasietätigkeit anstellt, möchte ich sie auf den Bereich sexueller Phantasien übertragen. Unter »sexuellen Phantasien« verstehe ich dabei nicht nur Phantasien, die einen explizit sexuellen Inhalt besitzen; entscheidender ist vielmehr deren Funktion. Sexuelle Phantasien sind demnach solche, die zu sexueller Erregung führen, wobei nicht nur die Phantasie, sondern auch die Erregung unbewusst bleiben kann. Das ist vor allem für die therapeutische Situation wichtig, weil sich die Erregung in der Übertragung niederschlagen kann, ohne dem Patienten bewusst zu werden. Interessant ist vor allem die Spannung zwischen einer permanenten Um- und Neugestaltung der Phantasien im Verlauf des Lebens einerseits und der Unveränderlichkeit der unbewussten infantilen Wünsche andererseits.

Diese Phantasien lassen sich betrachten als Konglomerat aus verschiedenen Vorstellungen über die unterschiedlichen erogenen Zonen im Laufe der psychosexuellen Entwicklung. So umfasst die phantasmatische Repräsentanz der Vagina – im Anschluss an Kestenberg – die verschiedensten Lust- und Befriedigungsmodalitäten der einzelnen Phasen, unter anderem beispielsweise den verschlingenden oder auch beißenden Modus der Oralität, den festhaltenden bzw. ausstoßenden Modus der Analität und den eindringenden bzw. aufnehmenden Modus der Genitalität. Die Vagina wird so gleichsam zur »Projektionsfläche«, zum Ort der Integration der einzelnen Partialtriebe und verdankt ihre Erregbarkeit vorrangig dem phantasmatischen, unbewussten Zusammenspiel der oralen, analen, urethralen, klitoralen Lust- und Befriedigungsmodalitäten, das auf diesen Ort hin entworfen wird (vgl. Quindeau 2008).

Die strukturell gleiche Integration vollzieht sich auch beim Mann. Hier dient der Penis als »Projektionsfläche« und Ort, an dem die einzelnen Lust- und Befriedigungsmodalitäten integriert werden. Diese These mag im Hinblick auf den Mann möglicherweise noch befremdlicher klingen als bei der Frau, scheint doch der Penis in seiner Funktionsweise fraglos zu sein. Im Unterschied zum Alltagsverständnis vollzieht sich jedoch auch hier ein analoger, permanenter Bedeutungs- und Funktionswandel, der sich durch stetige Umschriften ergibt. Das heißt, analog zur Vagina wird auch der Penis phantasmatisch ausgestattet mit oralen, analen, urethralen und genital-rezeptiven Lustmodalitäten. In den Assoziationen, Phantasien oder Träumen von Patienten findet sich beispielsweise das oral getönte Phantasma vom saugenden oder verschlingenden Penis, das anale Spiel vom Festhalten und Ausstoßen des Spermas oder die rezeptive Lust, penetriert zu werden.

Mit dem Konzept der zentralen Onaniephantasie sucht Moses Laufer (1976) die Entwicklung der sexuellen Identität während der Adoleszenz zu erklären. Diese Phantasie diene dazu, herauszufinden, welche sexuellen Phantasien und Praktiken vor dem Anspruch des Über-Ichs bestehen können; gebildet werde eine »Kompromißlösung zwischen dem Erwünschten und dem Erlaubten« (ebd., S. 366). Laufer geht davon aus, dass sich in der Adoleszenz, die er bis zum Alter von 21 Jahren ansetzt, eine irreversible sexuelle Identität ausbilde; er betrachtet dies als die Hauptfunktion der Adoleszenz, der die anderen Entwicklungsaufgaben untergeordnet seien. In der definitiven Sexualorganisation werden die geschlechtsreifen Genitalien als Teil des Körperschemas integriert. Die Auflösung des Ödipuskomplexes fixiere die zentrale Onaniephantasie, »die Phantasie, deren Inhalt die verschiedenen regressiven Befriedigungen und die sexuellen Hauptidentifikationen enthält« (ebd., S. 368).

Laufer legt dar, dass die Onanie die Entwicklung nicht nur im Sinne eines »Probehandelns« fördern kann, sondern »eine Form der Prüfung darstellt, welche sexuellen Vorstellungen, Gefühle oder Befriedigungen für das Über-Ich annehmbar sind und welche unannehmbar bleiben und deshalb nicht zur Gestaltung der definitiven sexuellen Organisation herangezogen werden dürfen« (ebd., S. 370).

Aus diesen Überlegungen ergibt sich der wichtige Aspekt, dass die »unannehmbaren« sexuellen Wünsche in der Phantasie ihren Raum bekommen und phantasmatisch befriedigt werden können. Kritisch lässt sich zu diesem Konzept allerdings anmerken, dass es ebenfalls in normativer Weise den Genitalprimat als Ziel der Entwicklung setzt und die vielgestaltigen prägenitalen Lust- und Befriedigungsmodalitäten, die den Kern der Sexualität der Erwachsenen bilden, als regressiv abwertet. Hinzu kommt, dass Laufer jeweils zur Geschlechtsidentität passende »männliche« und »weibliche« sexuelle Wünsche annimmt und von gravierenden Störungen ausgeht, wenn die jeweils andersgeschlechtlichen nicht aufgegeben werden.

In ich-psychologischer Orientierung zeigt Laufer an der Fallgeschichte eines Jugendlichen, »daß der Behandlungsprozeß es ihm ermöglichte, dem Sog der in seiner zentralen Onaniephantasie enthaltenen Wünsche nicht völlig nachzugeben […] und die Identifikation mit dem ödipalen Vater in den Vordergrund treten zu lassen« (ebd., S. 377). Entwicklungs- bzw. Behandlungsziel sind nach Laufer die Distanzierung von der zentralen Onaniephantasie, um ihre Wiederholung in anderen Lebensbereichen zu verhindern. Daraus ergibt sich für mich die Frage, ob dies tatsächlich durch ein Aufgeben der andersgeschlechtlichen sexuellen Wünsche gelingt oder nicht eher durch ihre Integration.

Meines Erachtens eröffnet das Konzept der zentralen Onaniephantasie wertvolle Verstehensmöglichkeiten, wenn man es weniger normativ und ich-psychologisch liest und aus der einschränkenden Einbindung der Entwicklung einer definitiven Sexualorganisation löst. So scheint es mir nicht zwingend, in ihr eine Kompromisslösung von Wunsch und Verbot zu sehen. Vielmehr scheint sie die phantasmatische Ausgestaltung von Lust- und Befriedigungsmodalitäten zu ermöglichen, die gerade nicht in der konkret gelebten, partnerbezogenen Sexualität umgesetzt werden. Die Phantasie bietet einen Möglichkeitsraum für sexuelle Wünsche, in dem die jeweils andere Seite der polar angelegten Begehrensmodalitäten befriedigt werden kann. So können in einem einzigen sexuellen Akt die einander ausschließenden Wünsche nach einem männlichen ebenso wie nach einem weiblichen Sexualpartner, die Wünsche nach aktiver Penetration ebenso wie nach passivem Penetriertwerden verbunden werden.

Auf die konstitutive Funktion der Phantasie für die Lust wies bereits Robert Stoller (1975) hin und wählte das Beispiel der Pornographie, um die Funktion der Phantasie zu verdeutlichen. Im Anschluss an Freud geht er davon aus, dass das sexuelle Erleben durch die Phantasie genauso stark bestimmt wird wie durch die Physiologie und die Umweltfaktoren, die Sexualforscher in den Vordergrund stellen: »Lust entsteht erst, wenn Phantasie [...] tätig wird« (ebd., S. 31). Den Begriff der Pornographie verwendet Stoller nicht im alltagssprachlichen Sinne, sondern er versteht darunter einen komplizierten »Tagtraum, der Betätigungen, die meistens, aber nicht notwendigerweise offen sexuell sind, auf schriftliches, bildhaftes oder akustisches Material überträgt, um im Beobachter genitale Erregung zu erzeugen« (ebd., S. 93).

Nach diesem Verständnis ist nichts per se pornographisch, sondern wird es erst durch die Phantasie des Betrachters. Die pornographischen Phantasien enthalten stets perverse Elemente. Mit dieser Phantasie kann – etwa im Falle der Masturbation – befriedigt werden, was in einem tatsächlichen Sexualakt mit einer anderen Person nicht befriedigt wird. Auch der Pornographie liegt – wie jeder Perversion – »ein phantasierter Racheakt zugrunde, in dem sich die sexuelle Lebensgeschichte des Betreffenden verdichtet – seine Erinnerungen und Phantasien, Traumen, Frustrationen und Freuden« (ebd., S. 94). Dementsprechend gibt es immer ein Opfer, das mithilfe der pornographischen Phantasie entschädigt wird.

Nach Robert Stoller ist der Gebrauch pornographischen Materials eine »perverse« Handlung mit drei Komponenten:

1. Am augenfälligsten ist der Voyeurismus,
2. kommt, etwas verhüllter, der Sadismus zum Vorschein (falls es sich nicht um manifesten Sadismus handelt) und
3. der, am stärksten verhüllte, Masochismus (ebenfalls mit Ausnahme des manifesten Masochismus) in der unbewussten Identifikation mit dem Opfer.

In den bewussten Phantasien, die in der Pornographie zum Ausdruck kommen, findet sich die tatsächliche sexuelle Lebensgeschichte, also die unbewusste Erinnerung an reale frühere Befriedigungserfahrungen. Damit macht Stoller auf die klinisch höchst bedeutsame Einsicht aufmerksam, welch wertvolles Potenzial zum Verständnis der psychischen Struktur in der Analyse sexueller Phantasien liegt.

Eine kleine Fallvignette aus einer meiner Analysen zeigt die subjektive psychische Bedeutung des Pornokonsums im Internet für einen Patienten:

> Herr A. war zum Zeitpunkt der Analyse Mitte fünfzig und nutzte die Pornographie im Internet zeitweise exzessiv zur Masturbation. Nach knapp dreißigjähriger Ehe lebte er seit einiger Zeit in fester Beziehung mit einer deutlich jüngeren Frau, mit der er sehr befriedigenden Sex hätte, wie er sagte. Auf die Selbstbefriedigung wollte er jedoch nicht verzichten, das sei etwas »völlig anderes«. Es wäre ihm jedoch peinlich und würde ihm schwerfallen, mit mir darüber zu reden.
>
> Nach einiger Zeit gelang es ihm dann doch, über seine Phantasien zu sprechen. Manchmal säße er Stunden am PC und masturbierte auf der Suche nach einer Frau, der er seinen Samen geben wolle. Dabei würde er im Sekundentakt die Bilder an- und wieder wegklicken. Wenn er die richtige Frau gefunden hätte, würde er sofort ejakulieren. Er würde die Macht genießen, die er über die Frauen verspürte: Er könnte sich jede nach Belieben holen und wegschicken. Sie stünde ihm permanent zur Verfügung und er könnte sie sofort wieder loswerden, wenn er spürte, dass sie ihn erregte.
>
> Dieses Spiel mit der Erregung war für Herrn A. von zentraler Bedeu-

tung. Die Illusion, darüber bestimmen und kontrollieren zu können, was ihn erregt, gab ihm ein Gefühl von Stärke und Sicherheit. Zunehmend wurde ihm deutlich, dass dies jedoch nur die eine Seite darstellte. Abzuwehren versuchte er damit die andere Seite, in der er sich selbst zurückgewiesen und alleingelassen fühlte.

Wir brachten diese elementaren Gefühle, die sich immer wieder einstellten, mit der Beziehung zu seiner Mutter in Verbindung. Sie wäre einerseits sehr liebevoll mit ihm umgegangen, andererseits wäre sie ihm aber auch oft depressiv und unnahbar erschienen. Wir fanden auch hier den abrupten Wechsel von Zuwendung und Zurückweisung, den Herr A. mit seiner Suchbewegung im Internet zu wiederholen schien. In der Art und Weise seines Pornokonsums konnte er beiden Seiten dieser Beziehungserfahrung eine Ausdrucksgestalt geben und das Medium zur Verarbeitung dieser traumatischen Erfahrung nutzen.

Nur am Rande möchte ich erwähnen, dass die Arbeit an diesen Phantasien in der Übertragung stattfand, was keineswegs so banal ist, wie es klingen mag. In der Übertragungsbeziehung wiederholte sich für Herrn A. dasselbe Muster. Wie allmählich deutlich wurde, fühlte er sich auch von mir immer wieder verführt und alleingelassen. In der analytischen Situation inszenierte sich die hilflose, ausgelieferte Seite seiner frühen Beziehungserfahrung, die andere Seite agierte er im Internet, und zwar immer dann besonders exzessiv, je mehr er sich von mir zurückgewiesen fühlte. Dies war eine wichtige Phase in der Analyse, die sich über das Agieren, das »acting out«, erschlossen hat und uns ohne eine genaue Analyse seiner sexuellen Phantasien vielleicht nicht zugänglich geworden wäre.

Vermutlich ist es nicht immer solch ein traumatisches Moment, das der Suche nach erregenden Bildern im Internet zugrunde liegt. Doch können wir in ihr einen psychologisch wichtigen Versuch sehen, die passiv erlittene Verführung zu bewältigen, sie ins Aktive zu wenden, die Erregung selbst herbeizuführen und auf diese Weise zu kontrollieren. Dass dieser Erregung stets nur partielle Befriedigung folgt, fördert die Suche nach immer neuen Bildern.

Wichtig ist, noch einmal zu betonen, dass es sich bei den Phantasiebildungen um unbewusste Erinnerungen handelt; das faktisch Geschehene wird nicht originalgetreu abgebildet, sondern psychisch verarbeitet und in Szenen umgesetzt. Diese

Szenen geben also nicht das wirklich Geschehene wieder, sondern bringen das subjektiv Erlebte zum Ausdruck, das wiederum nicht als das »damals« Erlebte zu identifizieren ist, vielmehr ein vielschichtiges Konglomerat darstellt – eine Konstellation, in der »äußere« Realitäten und psychische Verarbeitungen zu verschiedenen Zeitpunkten zusammenfließen (ausführlich vgl. Quindeau 2004).

Auch wenn sich diese Phantasien nicht in einem Abbildungsverhältnis zu wirklich Geschehenem befinden, liefern sie dennoch wertvolle Aufschlüsse nicht nur über die subjektiv bedeutsamen Lust- und Befriedigungsmodalitäten, sondern zugleich sowohl über ihren Entstehungszusammenhang in der individuellen Lebensgeschichte als auch über ihre psychische Funktion. So wenig wie die bewussten sexuellen Phantasien wirklich Geschehenes abbilden, bilden sie auch etwas als »wirklich« Gewünschtes ab. An diesem Punkt offenbart sich die psychische Leistung der Phantasie, die gerade das zum Ausdruck bringt, was im »realen Leben« keinen Platz findet. Auf diese Weise gelangen sexuelle Wünsche zu einer Inszenierungsmöglichkeit und (zumindest partielle) Befriedigung, die aus welchen Gründen auch immer keine manifeste Gestaltung erfahren – seien es moralische, ethische, ästhetische, praktische oder auch neurotische Gründe.

Sexuelle Orientierungen und Identitäten

»Weibliche« und »männliche« Sexualität

Gibt es eine männliche und eine weibliche Sexualität? Auf den ersten Blick scheint es selbstverständlich zu sein, dass sich der »kleine Unterschied« auch im Bereich des Sexuellen zeigt und Geschlecht und Sexualität miteinander verlötet sind. Doch bei genauerem Hinsehen ist es keineswegs ausgemacht, worin denn die Unterschiede in der Sexualität von Männern und Frauen genau bestehen. Der angenommene enge Zusammenhang von Sexualität und Geschlecht erweist sich insbesondere für eine psychoanalytische Sexualtheorie als nicht ganz unproblematisch. Denn er beruht auf einem mechanistischen Verständnis von Sexualität, das aufs Genitale zentriert ist und letztlich die Reproduktionsfunktion in den Vordergrund stellt.

In den Sozial- und Kulturwissenschaften wird seit geraumer Zeit die kulturelle Dominanz der Zweigeschlechtlichkeit infrage gestellt (vgl. insbesondere Butler 1991, 1995). Im psychoanalytischen Diskurs findet sich der Streit um die Differenz vor allem in der relationalen, intersubjektiven Psychoanalyse in den USA (Bassin 1992; Benjamin 1992), erst allmählich gelangt er auch in die deutschsprachige Psychoanalyse (Quindeau 2004; Schweizer/Richter-Appelt 2012).

In einem medizinischen Lehrbuch wurde noch vor zehn Jahren das Postulat einer Aufhebung der Zweigeschlechtlichkeit als realitätsfern beschrieben und mit dem Wandel vom newtonschen Weltbild zur einsteinschen Relativitätstheorie verglichen, die damals möglicherweise ebenso unvorstellbar erschien (vgl.

Düring 2001). Gegenwärtig wird ebendiese Forderung bereits politisch handlungswirksam erhoben – und zwar nicht nur von feministischen Aktivistinnen, sondern auch von einer von der deutschen Bundesregierung eingesetzten Institution. So fordert der Deutsche Ethikrat (2012) die Bundesregierung auf, im Personenstandsrecht eine weitere Kategorie neben »männlich« und »weiblich« einzurichten, um Personen mit uneindeutigen Geschlechtsmerkmalen (DSD, »differences of sex development«, auch »Intersexualität« genannt) gerecht zu werden.

Wenngleich es sich um eine kleine Gruppe handelt, welche die dritte Kategorie in Anspruch nehmen wird, hat die festgefügte, naturhaft anmutende Vorstellung der Zweigeschlechtlichkeit Risse bekommen. Statt eines dichotomen Geschlechterkonzepts, das Personen entweder der einen *oder* der anderen Kategorie zuordnet und das Männlichkeit bzw. Weiblichkeit als einander ausschließende Kategorien fasst, scheint es mir sinnvoller, das Geschlecht als Kontinuum zu begreifen (Quindeau 2008). Männlichkeit und Weiblichkeit stellen jeweils Pole in einem Kontinuum dar, das unterschiedlichste Zwischenstufen, Mischungsverhältnisse und geschlechtliche Ausprägungen ermöglicht.

Wenn sich nun auch die Geschlechtsidentität keineswegs so monolithisch darstellt, wie es die Geschlechterdichotomie als gesellschaftliche Ordnungsstruktur fordert, erscheint es auch wenig sinnvoll, die Sexualität in eine »männliche« und »weibliche« Ausprägung zu unterteilen, denn nicht selten werden Klischees über weibliche und männliche Geschlechterrollen auf den Bereich des Sexuellen übertragen. So pointiert Gunter Schmidt die polare Spaltung in eine männliche und weibliche Sexualität: »Männliche Sexualität ist dann triebhaft, gewalttätig, rücksichtslos, peniszentriert, ein Vehikel für Machtausübung und Unterwerfung; weibliche Sexualität ist dagegen sanft, liebevoll, personen- und liebesorientiert, ganzkörperlich, friedfertig, eine Möglichkeit zu Nähe und Austausch« (Schmidt 1986, S. 140).

Eine kritische Sicht auf die männliche Sexualität, die oberflächlich und rein auf die eigene Lust zentriert sei, hat in der psychoanalytischen Theoriebildung Tradition (vgl. etwa Deutsch 1944; Welldon 1992). Die Lust der Frau wird dagegen in den Zusammenhang der Reproduktion gestellt. Zwar stellt sich Nancy Chodorow in ihrem nach wie vor oft zitierten Buch *Das Erbe der Mütter* (1978) die spannende Frage, was es bedeutet, dass die erste Liebesbeziehung eines Menschen die zu einer Frau ist. Doch versteht sie diese Liebe offenbar als eine körperlose, und so finden wir bei ihr keinen einzigen Satz über die sexuelle Dimension der Liebesbeziehung von Mutter und Tochter (vgl. Koellreuter 2000). Ebenso wie Benjamin (1992) rückt sie von der freudschen Triebtheorie ab.

Jessica Benjamin siedelt das weibliche Verlangen in einem doppelten Spannungsverhältnis an: einerseits zwischen Identifizierung mit und Separation von einer entsexualisierten Mutter; andererseits zwischen dem Wunsch und der Unfähigkeit der Identifizierung mit einem Vater, der für sexuelles Begehren stehe: »Das Mädchen kann keine Repräsentanz des Verlangens erschaffen, die auf Identifikation mit der Mutter basiert – ein Gefühl sexueller Handlungsfähigkeit, das aktiv und weiblich ist; deshalb wendet es seine idealisierende Liebe einer Männergestalt zu, die das Verlangen verkörpert« (ebd., S. 125). Auch hier ist die grundlegende Entsexualisierung der Mutter-Tochter-Dimension am Werk, und es ist bemerkenswert, dass ausgerechnet in einer sich als feministisch begreifenden Theorie die Mär vom fehlenden weiblichen Verlangen reproduziert wird.

Diese Beispiele zeigen, dass die dichotome Unterteilung einer weiblichen und einer männlichen Sexualität stark von den jeweiligen Geschlechterkonzepten abhängig ist. Sie suggeriert zum einen, dass man klare und eindeutige Abgrenzungen vornehmen könne, und zum anderen entstehen dadurch unvermeidlich problematische normative Setzungen. So kann man in Psychotherapien immer wieder beobachten, wie viel Angst es manchen Männern macht, sich ihre passiven sexuellen Wünsche einzugestehen, weil sie in deren Sicht damit verbunden sind, »unmännlich« oder »schwul« zu sein. In dieser Gleichsetzung zeigt sich die Heteronormativität auf besonders drastische Weise, da sie die Geschlechtszugehörigkeit über sexuelle Aktivitäten reguliert und Ausgrenzungen vornimmt. Das gilt nicht nur für die männliche Entwicklung, sondern überhaupt wird – wie an den Theorien von Chodorow und Benjamin sichtbar ist – die Geschlechtsidentitätsentwicklung bei beiden Geschlechtern im Ödipuskonflikt mit dem kulturellen Homosexualitätstabu amalgamiert (vgl. Düring 2001).

Im Bereich des Sexuellen, in dem der Körper eine zentrale Rolle spielt, werden kulturelle Unterschiede oft für naturbedingt gehalten. Was es jeweils bedeutet, einen Penis oder eine Vagina zu haben, wird jedoch *kulturell* festgelegt. Die anatomische Differenz zwischen Vagina und Penis wird entsprechend überlagert von kulturellen Vorstellungen. Für eine psychologische Theorie ist es daher wichtig, kulturelle Unterschiede nicht zu ontologisieren und nicht eine naturhafte geschlechtsspezifische Sexualität zu postulieren. Hinzu kommt die Dimension der subjektiven Bedeutungszuweisung, die ich im letzten Kapitel in Anlehnung an Kestenberg beschrieben habe: Die Erregbarkeit von Vagina und Penis verdankt sich weniger dem Organ selbst als vielmehr ihrer Funktion als Projektionsfläche, als Ort der Integration der verschiedensten infantilen Lust- und Befriedigungsmodalitäten.

Nichtsdestotrotz gibt es Unterschiede in der Sexualität von Männern und Frauen, die durch die geschlechtsspezifisch aufgeladene Sozialisation entstehen. Die einzelnen Lust- und Befriedigungsmodalitäten in ihren aktiven und passiven Ausprägungen finden sich zwar geschlechtsunabhängig bei beiden Geschlechtern, sie werden aber im Laufe der Sozialisation geschlechtsspezifisch geformt. Die kulturelle Geschlechterdichotomie setzt sich bis in die Körperwahrnehmung hinein fort und lizenziert die Lust- und Befriedigungsmodalitäten für Männer und Frauen.

Das beginnt gleich nach der Geburt. So begegnen Mütter etwa der oralen Gier von männlichen und weiblichen Säuglingen unterschiedlich und auch Väter reagieren positiver auf die abhängige Bedürftigkeit ihrer kleinen Töchter als der ihrer Söhne (vgl. Becker 2005). Im Pflegeverhalten zeigen sich ebenfalls gewichtige Unterschiede, wie Mütter und Väter etwa mit den Geschlechtsorganen von Mädchen und Jungen umgehen. Aus diesen Erfahrungen bildet sich ein Körpergedächtnis; sie werden Teil eines lebensgeschichtlich erworbenen »sexuellen Scripts«, das die weiteren sexuellen Aktivitäten formiert (Schmidt 2004). Wie in den vorhergehenden Kapiteln beschrieben, erfolgt die sexuelle Entwicklung als permanente Umschrift von Erinnerungsspuren, in denen sich diese Lust- und Befriedigungserfahrungen niederschlagen.

In diesem Zusammenhang stellt sich die Frage, was es bedeuten könnte, eine eigenständige, genuin weibliche Sexualität zu konzeptualisieren und sie der männlichen Sexualität gegenüberzustellen, das heißt die Unterschiede zwischen männlicher und weiblicher Sexualität zu betonen – im Unterschied etwa zu einer Betrachtungsweise, die die Sexualität von Männern und Frauen nicht entlang der Geschlechtergrenzen formiert. Man kann die Frage auch so formulieren: In welchem Verhältnis stehen Geschlecht und Sexualität zueinander? Entwickelt sich die Sexualität nach der Geschlechtsidentität? Oder beeinflusst die Sexualität die Entwicklung der Geschlechtszugehörigkeit?

Diese Verhältnisbestimmung besitzt eine Reihe von Implikationen sowohl für den Begriff der Sexualität als auch für den des Geschlechts und wird von unterschiedlichen psychoanalytischen Autoren und Autorinnen jeweils unterschiedlich beantwortet. Während die freudsche Psychoanalyse mit ihrem zentralen Bestandteil der Triebtheorie und ihre Weiterentwicklungen etwa durch Jean Laplanche davon ausgehen, dass die Sexualität im Leben eines Säuglings gleich nach der Geburt eine wesentliche Rolle spielt und die Geschlechtsentwicklung beeinflusst, geht die Objektbeziehungspsychologie, die das Triebkonzept sowie die konstitutionelle Bisexualität ablehnen, von einem umgekehrten Einfluss aus.

Ein weiterer Aspekt der Kontroverse dreht sich um die Frage, ob es geschlechtsspezifische sexuelle Phantasien gibt, das heißt, ob der geschlechtsdifferente Körper unterschiedliche Phantasien bei Männern und Frauen hervorruft (etwa Pines 1993) oder ob die anatomischen Strukturen und physiologischen Prozesse, die den Phantasien scheinbar zugrunde liegen, nicht umgekehrt selbst von Beziehungserfahrungen und Phantasien geformt werden (etwa Quindeau 2008). Dies mag als abstrakte, akademische Debatte anmuten, ist aber von großer therapeutischer Relevanz, weil Patientinnen und Patienten nicht selten darunter leiden, (scheinbar) nicht zu ihrem Geschlecht (im doppelten Sinne von Genitale und Identität) passende sexuelle Phantasien zu haben.

Die Fragen nach dem Verhältnis von Geschlecht und Sexualität lassen sich also nicht unabhängig von den theoretischen Strömungen in der Psychoanalyse und der Frage nach dem Gewicht des Unbewussten beantworten. Sie verstehen sich allerdings nicht von selbst, sondern müssen von jeder Therapeutin und jedem Therapeuten genau durchdacht werden. Denn nicht zuletzt aufgrund der großen Bedeutung unbewusster Phantasien im psychoanalytischen Verständnis von Sexualität erscheint eine dichotome Unterteilung in eine männliche und eine weibliche Sexualität wenig angemessen und die hohe individuelle Variation im sexuellen Erleben zu wenig zu berücksichtigen.

Sexuelle Orientierung

Nach Sigmund Freuds Auffassung – und viele folgen ihm darin (etwa Laufer 1976) – wird mit dem Ausgang des Ödipuskomplexes auch die sexuelle Orientierung festgelegt; in der frühen Kindheit wird sie dann gebahnt und in der Pubertät endgültig fixiert (Freud 1905d). Eine heterosexuelle Objektwahl komme durch eine Fixierung der gegengeschlechtlichen ödipalen Konstellation zustande, eine homosexuelle entsprechend durch ein Fortbestehen der gleichgeschlechtlichen ödipalen Beziehungsform. Aufgrund der bisexuellen Identifizierungen, die jedes Kind in der frühen Kindheit mit Vater und Mutter vornimmt, bestehen beide sexuelle Orientierungen nebeneinander. Zumeist wird eine Orientierung manifest, während die andere verdrängt wird und im Unbewussten weiter wirksam bleibt. Das Überwiegen der heterosexuellen Orientierungen ist damit nicht psychologisch, sondern nur kulturell zu erklären, in diesem Fall mit der herrschenden Heteronormativität.

Zu Recht kritisiert Reimut Reiche (1990) an Freuds Modell die Vorstellung einer lebenslangen Festlegung der sexuellen Orientierung und weist darauf hin, dass der Ödipuskomplex während des ganzen Lebens dynamisch wirksam bleibt. Für diese Annahme sprechen auch sexualwissenschaftliche Befunde, nach denen eine Veränderung der sexuellen Orientierung im Prinzip in jedem Lebensalter möglich ist (vgl. Schmidt 2004). Offenbar ist dies nicht zwingend darauf zurückzuführen, dass die Betreffenden bis zu diesem Zeitpunkt ihre »eigentliche« Objektwahl verheimlicht haben. Nach psychoanalytischer Auffassung ist es vielmehr plausibel, darin eine weitere Verarbeitung, eine erneute Umschrift des Ödipuskomplexes zu sehen.

Für das psychoanalytische Verständnis von Sexualität ist die Unabhängigkeit des sexuellen Begehrens vom Objekt von zentraler Bedeutung: »Der Psychoanalyse erscheint [...] die Unabhängigkeit der Objektwahl vom Geschlecht des Objektes, die gleich freie Verfügung über männliche und weibliche Objekte, wie sie im Kindesalter, in primitiven Zuständen und frühhistorischen Zeiten zu beobachten ist, als das Ursprüngliche, aus dem sich durch Einschränkung nach der einen oder anderen Seite der normale wie der Inversionstypus entwickeln. Im Sinne der Psychoanalyse ist also auch das ausschließliche sexuelle Interesse des Mannes für das Weib ein der Aufklärung bedürftiges Problem und keine Selbstverständlichkeit« (Freud 1905d, S. 44).

Heterosexualität ist demnach genauso erklärungsbedürftig wie Homosexualität. Dies wird allerdings in der weiteren psychoanalytischen Theoriebildung kaum berücksichtigt. Es gibt zwar ungezählte Publikationen zur Homosexualität, aber selten Arbeiten, die sich explizit mit der Psychodynamik der Heterosexualität befassen. Offenbar gilt die Heterosexualität auch der späteren Psychoanalyse als so unbezweifelte kulturelle Selbstverständlichkeit, dass sie kaum Gegenstand psychoanalytischer Forschungen geworden ist.

Ihre unerfreuliche Seite verriet diese Selbstverständlichkeit, als zum Beispiel noch 1983 bei einer Tagung der American Psychoanalytic Association festgestellt wurde, dass in der Psychoanalyse Heterosexualität, weil sie Reproduktivität ermöglicht, die »normale Sexualität« und dass Homosexualität eine »verfehlte Heterosexualität« sei (vgl. Friedman 1986). Warum aber Frauen Lust auf Männer haben und umgekehrt, welche Phantasien, Wünsche und Ängste ein andersgeschlechtlicher Körper auslöst, ist erstaunlicherweise aus psychoanalytischer Perspektive bislang nicht systematisch untersucht worden und bleibt offenbar ein Desiderat für weitere Forschungen.

Aus der Unabhängigkeit der Objektwahl vom Geschlecht des Objekts lässt sich die Schlussfolgerung ziehen, dass auch die Geschlechtsidentität und die sexuelle Orientierung des Subjekts keineswegs so unmittelbar zusammenhängen, wie dies oft behauptet wird. Damit wird ein viel zu starker – und im Übrigen auch nicht näher begründeter – Zusammenhang hergestellt und der sexuellen Orientierung ganz besondere Bedeutsamkeit für das Identitätsgefühl zugeschrieben. Populistische Vorurteile wie das Bild der »männlichen Lesbe« oder des »verweiblichten

Schwulen« erhalten auf diese Weise wissenschaftliche Unterstützung.

Doch ergibt sich die postulierte Bedeutsamkeit der sexuellen Orientierung für das Identitätsgefühl wohl weniger aus der Sexualität als vielmehr aus dem kulturellen Primat der Heterosexualität. Dieser Primat erzwingt eine enge Verbindung von Geschlechtsidentität und sexueller Orientierung. Bemerkenswert erscheint mir auch, dass zunehmend von sexueller *Identität* (gern auch im Plural) anstelle von sexueller *Orientierung* gesprochen wird.

Hetero- und Homosexualitäten

In seiner Studie *Das sexuelle Paar* konzipiert Otto F. Kernberg (1994) folgende Eigenschaften des erotischen Begehrens: Als erste Eigenschaft nennt er das Streben nach Lust, das auf eine andere Person gerichtet ist, die penetriert oder in die eingedrungen werden kann bzw. deren Penetration oder Eindringen erstrebt wird. Dieses Verlangen nach Nähe und Verschmelzung enthält sowohl das Moment einer gewaltsamen Grenzüberschreitung als auch des Einswerdens mit einer anderen Person.

Wichtig scheint mir insbesondere, dass das Eindringen bzw. das Aufnehmen nicht als Eigenschaft eines Mann bzw. einer Frau missverstanden wird. Vielmehr handelt es sich um ein fließendes Wechselspiel von Eindringen und Aufnehmen sowohl auf phantasmatischer als auch auf körperlicher Ebene. So finden sich »Phantasien der aktiven Einverleibung (›incorporation‹) und des passiven Penetriertwerdens zusammen mit solchen des aktiven Penetrierens und des passiven Einverleibtwerdens« (ebd., S. 867). Es kommt also darauf an, jeweils aktive und passive Lustmodalitäten bei beiden Partnern zusammenzudenken. Nehmen wir ein heterosexuelles Paar, dann finden wir bei der Frau nicht nur die passive Phantasie, penetriert zu werden, sondern ebenso die Variante, den Penis des Mannes aktiv aufzunehmen, ihn sich »zu holen«. Und beim Mann gibt es umgekehrt auch sowohl die Vorstellung, aktiv in die Frau einzudringen, als auch passiv von ihr einverleibt zu werden. Analoges gilt für homosexuelle Paare.

Das Wechselspiel von Penetration und Einverleibung ist selbstverständlich nicht zwingend an männliche oder weibliche Genitalien gebunden, sondern lässt sich auch an anderen Körperteilen inszenieren, die entweder Öffnungen bilden wie Mund und Anus oder die ein Eindringen ermöglichen wie Finger oder Zunge. An der Studie von Kernberg wird deutlich, wie elementar man sich sexuelle Aktivitäten vor Augen führen muss, um nicht dem Mythos einer weiblichen oder männlichen Sexualität zu erliegen. Die Lust- und Befriedigungsmodalitäten verteilen sich eben nicht entlang der Geschlechtergrenzen, sondern sind in jeder einzelnen Person angesiedelt. Es geht mithin nicht um ein Entweder-oder von männlicher und weiblicher Sexualität, das heißt nicht um ein dichotomes Verhältnis, sondern ein Sowohl-als-auch; »männliche« und »weibliche« Anteile verbinden sich im Sexuellen.

Als zweite Eigenschaft des erotischen Begehrens nennt Kernberg die Befriedigung, die aus der Identifizierung mit dem anderen Geschlecht stammt, genauer: aus der Identifizierung mit der sexuellen Erregung und dem Orgasmus des Sexualpartners. Auch hier ist es nicht notwendig, von einem andersgeschlechtlichen Sexualpartner auszugehen, denn die Identifizierung kann unabhängig vom Geschlecht erfolgen. Dabei verdichten sich zwei komplementäre Verschmelzungserlebnisse: Das eine ist die Lust aus dem Begehren des Anderen und das damit verbundene ekstatische Verschmelzungserlebnis. Das andere ist das Gefühl, beide Geschlechter zugleich zu werden, die Erfüllung der bisexuellen Omnipotenzphantasie aus der frühen Kindheit. Für kurze Zeit kann die Trennung der Geschlechter phantasmatisch überwunden werden, zusammen mit dem Gefühl der gegenseitigen Ergänzung in der Lust am Penetrieren und Umschließen oder Penetriert- und Umschlossenwerden.

Die dritte Eigenschaft ist schließlich das Gefühl des Überschreitens und Überwindens von Verboten, die allen sexuellen Begegnungen implizit sind, weil sie auf die ödipale Strukturierung des Sexuallebens zurückgehen. Diese Überschreitung kann vielfältigste Formen annehmen; von besonderer Bedeutung sind unbewusste ödipale Verbote wie das der sexuellen Intimität mit dem Elternteil, mit dem sowohl eine Herausforderung an den Rivalen als auch ein Triumph über ihn verbunden ist.

Eine weitere Dimension der Überschreitung richtet sich auf das Sexualobjekt selbst, das zugleich als verführerisch lockend und zurückhaltend erlebt wird. Kernberg betont in diesem Zusammenhang auch die Verbindung von Lust und Aggression. Konstitutiv für die sexuelle Erregung ist das Gefühl, die Grenze des Anderen zu überschreiten. Sowohl die Penetration als auch das Verschlingen des Anderen ist eine Verletzung der Grenzen des Anderen. Diese Überschreitung der Grenzen des Selbst zeigt sich im Orgasmus in besonderem Maße. Erregend ist die lustvolle Befriedigung der Aggression – die Fähigkeit, im Anderen Schmerz auszulösen und sich im Schmerz mit der erotischen Lust des Anderen zu identifizieren, was es dem Anderen auch möglich macht, im Schmerz Lust zu empfinden. Als »Grenzwächter« dieser Verschmelzung von Lust und Aggression nennt Kernberg das Über-Ich.

Die ödipale Konstellation ist für das sexuelle Erleben noch in einem weiteren Aspekt bedeutsam: »Hinter dem ödipalen Vater verkörpert der Geliebte einer Frau auch die präödipale Mutter, die ihre Abhängigkeitsbedürfnisse befriedigt, während sie zugleich das Tolerieren der sexuellen Intimität mit einem symbolischen ödipalen Objekt zum Ausdruck bringt« (ebd., S. 873). Auch wenn ich das Mutter-Tochter-Verhältnis nicht auf die Befriedigung von Abhängigkeitsbedürfnissen beschränkt sehe, scheint mir Kernbergs Gedanke, dass die Mutter in der unbewussten Phantasie das Liebesverhältnis der Tochter zu einem Anderen toleriert, von eminenter Bedeutung.

An dieser Stelle befindet sich ohne Zweifel ein Einfallstor für vielfältige Störungen des sexuellen Erlebens. So könnte etwa die »Lustlosigkeit« bei Frauen damit zusammenhängen, dass die unbewusste Repräsentanz einer »tolerierenden Mutter« nicht genügend ausgebildet ist, wie dies häufig bei Individuations-Abhängigkeits-Konflikten vorkommt. So stelle ich bei depressiven Patientinnen, die oft eine sehr enge, wenig getrennte Mutterbeziehung aufweisen, immer wieder fest, dass Sexualität für sie nur wenig Bedeutung besitzt. Erst im Verlauf der Therapie wird manchen dies dann als Problem bewusst und es verändert sich dann mit zunehmender Individuierung.

Analog kann sich diese Konfliktdynamik bei Männern zum Beispiel in Erektionsstörungen äußern. Schon Freud weist darauf hin, dass eine nicht überwundene inzestuöse Fixierung an Mutter und Schwester beim Mann zu psychischer Impotenz sowie zu Spaltungsprozessen der Sexualität in »sinnliche« und »zärtliche« Anteile führen kann (Freud 1912d). Unter »psychische Impotenz« versteht Freud partielle Erektionsstörungen, die nur zu bestimmten Zeiten, mit bestimmten Personen oder bei bestimmten Praktiken auftreten und bei anderen nicht. Diese Problematik war damals der häufigste Grund, einen Psychoanalytiker zu konsultieren (ebd., S. 78); bemerkenswert ist, dass sie heute als häufigster Konsultationsgrund beim Urologen angegeben wird (vgl. Quindeau 2008).

Das Liebesleben dieser Männer ist nach Freud in zwei Richtungen gespalten: »Wo sie lieben, begehren sie nicht, und wo sie begehren, lieben sie nicht« (Freud 1912d, S. 82). Eine Form, mit dieser Spaltung umzugehen, besteht in der Erniedrigung des Sexualobjekts, während die Hochschätzung auf das inzestuöse Objekt bezogen bleibt. Nur unter der Bedingung der Erniedrigung kann sich die Sinnlichkeit frei entfalten. Die Spaltung von Liebe und Begehren führt manchmal gerade in liebevollen, festen Partnerschaften zu einer wenig befriedigenden, eingeschränkten Sexualität, wie sich an der Therapie mit Herrn U. sehen lässt.

Herr U. ist ein beruflich sehr erfolgreicher Mann Ende dreißig. Einige Monate vor der Analyse hat er geheiratet und ist sehr glücklich in dieser Beziehung. Bis auf die Depressionen, die ihm völlig unerklärlich seien, scheint alles in seinem Leben gut zu laufen. Er fühlt sich als der Liebling der Mutter und hat nach wie vor eine sehr enge Beziehung zu ihr. Täglich telefoniere er mit ihr und einmal in der Woche würde er sie besuchen. Auch seine Frau verstehe sich gut mit ihr, sie sei die erste Frau, die seine Mutter akzeptieren würde. Seine vorhergehende Freundin habe er vor Jahren nur einmal seiner Mutter bei einem Essen vorgestellt, sie hätte sie die ganze Zeit über abschätzig gemustert und ihm später deutlich gemacht, dass »so eine« nicht zu ihm passe. Auch er war sich unschlüssig und sie wären nicht lange zusammen gewesen.

Nachdem die Analyse eine Zeit vorangeschritten war, konnte sich Herr U. allmählich eingestehen, dass ihn der Sex mit seiner Frau nicht wirklich errege. Zwar liebe er sie sehr und genieße ihre Nähe, aber er traue sich nicht, sich einfach gehen zu lassen. Mit der früheren Freundin sei dies ganz anders gewesen. Mit ihr habe er sich viel weniger verstanden, das Wichtigste sei eigentlich der Sex gewesen. Sie hätten viel ausprobiert und richtig »versauten« Sex gehabt, womit er insbesondere Analverkehr in genitalen und oralen Varianten meinte. Besonders erregt hätte es ihn, wenn er sie als »geile, verfickte Schlampe« bezeichnet hätte.

Es ist ihm sehr unangenehm, mir dies einzugestehen; er wolle nicht, dass ich schlecht von ihm denke. So würde er normalerweise nicht über Frauen denken, geschweige denn es sagen. Mit seiner Frau würde er nie so sprechen oder solchen Sex haben, das sei mit ihr unvorstellbar. Herr U. konstatiert dies eher gleichmütig, er scheint es nicht zu bedauern.

Mit der Zeit wurde die Beziehung zwischen seiner Frau und seiner Mutter zunehmend konflikthaft, und Herr U. kommt nicht umhin, sich in der Analyse auch mit seiner Mutter auseinanderzusetzen, was er bis dahin immer vermieden hat. Es ist ihm wichtig, an seiner privilegierten Stellung bei ihr festzuhalten, dies will er eigentlich nicht infrage stellen. Doch durch die Arbeit in der Analyse gelingt es Herrn U. allmählich, sich innerlich von seiner Mutter zu lösen und die Position des bevorzugten Sohnes aufzugeben.

Parallel zu diesem Prozess verändert sich auch die Beziehung zu seiner Frau. Je mehr er an psychischer Unabhängigkeit gewinnt, desto leichter fällt es ihm, seine sexuellen Wünsche zuzulassen. Zwar könne er mit seiner Frau nicht so ungehemmt sprechen wie mit der früheren Freundin, aber er traue sich zunehmend, sich seiner Erregung zu überlassen und verschiedene Praktiken mit ihr auszuprobieren. In seiner Phantasie stelle er sich Szenen vor, wie er sie beschimpfte und erniedrigte. Während diese Bilder ihm bislang immer unangenehm waren und seine Lust sofort beeinträchtigten, wenn sie ihm zu Bewusstsein kamen, ist es Herrn U. zunehmend möglich, sie zu akzeptieren und als lustvoll zu erleben.

An diesem Beispiel wird sichtbar, dass die Spaltung von Liebe und Begehren im Zuge des Durcharbeitens der inzestuösen Fixierungen und der zunehmenden Individuation nur zu einem Teil aufgehoben werden kann, in Ansätzen immer weiterexistiert. Sie steht allerdings der Lust nicht mehr im Wege, sondern kann phantasmatisch verarbeitet werden.

Hier zeigt sich wieder einmal, welch wichtige Rolle der Phantasie bei der sexuellen Erregung und Befriedigung zukommt. Während Freud diese Spaltung und die mit ihr einhergehende Erniedrigung der sexualen Partnerschaft nur auf die männliche Sexualität bezieht, scheint es mir angemessener, sie auch für die

Sexualität von Frauen anzunehmen, wenngleich sich die Erniedrigung dort eher in Form von Verachtung zeigt.

Darüber hinaus möchte ich zu bedenken geben, dass es bei der Sexualität immer um ein Überschreiten von Körpergrenzen geht, sodass dem Begehren notwendigerweise ein gewaltsamer Moment anhaftet, auch wenn das sexuelle Handeln einvernehmlich und lustvoll geschieht. Nicht nur im Falle einer inzestuösen Fixierung sind daher Liebe und Begehren lediglich schwer derselben Person gegenüber vereinbar. Ihre Verbindung erweist sich generell als konflikthaft und muss in jeder Liebesbeziehung bewältigt werden.

Homosexualitäten

Im Vergleich zum spärlichen psychoanalytischen Diskurs über Heterosexualität gibt es eine Fülle von Studien zur Homosexualität: Während Freuds Theorie als wegweisende Konzeptualisierung der Homosexualität gilt, die bis heute nichts an Aktualität eingebüßt hat (Dannecker 1993, S. 165), dominierten in der Psychoanalyse rasch wieder konventionelle Sichtweisen, die Homosexualität pathologisierten (vgl. auch Rauchfleisch 2002); einen Überblick über die US-amerikanische Diskussion um die Pathologisierung der Homosexualität in der Psychoanalyse gab Lewes 1988).

Eine historische und theoretische Kritik der verbreiteten Pathologisierung legte Robert M. Friedman (1986) vor. Er wendet sich gegen die Haltung, homosexuelle Männer als narzisstisch oder ich-strukturell gestört zu betrachten, sowie gegen die Annahme, dass Homosexualität ausschließlich und notwendig unter der Bedingung einer bestimmten Familiendynamik (intrusive Mutter, schwacher Vater) entstehe. Auch andere ätiologische Erklärungsmuster, nach denen vielfach geforscht wird, besitzen wenig Plausibilität, sodass es meines Erachtens wenig Sinn hat, überhaupt die Frage nach allgemeinen Entstehungswegen von Homosexualität zu untersuchen.

In origineller und weiterführender Weise konzeptualisiert hingegen Eva Poluda-Korte (1993, 2001) eine weibliche Entwicklung, die gleichermaßen zu einer homo- wie zu einer heterosexuellen

Orientierung führen kann. Eine besondere Rolle spielt dabei der »lesbische Komplex«, der traditionell als negativer Ödipuskomplex bezeichnet wird. In Anlehnung an Melanie Klein unterscheidet Poluda-Korte einen frühen und den »eigentlichen« Ödipuskomplex, wobei der erstere mit Prozessen von Selbst- und Objekt-Differenzierung im ersten Lebensjahr verknüpft ist. Die Liebe der Tochter zur Mutter im frühen Ödipuskomplex wird durch das Homosexualitätstabu und die Beobachtung des Mädchens massiv enttäuscht, dass die Mutter den Vater und nicht ausschließlich die Tochter liebt. Diese Zurückweisung wird als Entwertung und Verrat erlebt und kann dazu führen, dass sich die Liebe in Hass, die sexuellen Wünsche in Mordimpulse und die Schuldgefühle in suizidale Tendenzen zu verkehren drohen.

Die mit dem lesbischen Komplex verbundene massive narzisstische und ödipale Aggression wird in ein rigides, frühes Über-Ich integriert. Die Enttäuschung sowie das homosexuelle Tabu, das aus dem kulturellen Primat der Heterosexualität resultiert, legen der Tochter den Objektwechsel zum Vater nahe. Hinzu kommt eine teils melancholische, teils sublimiert erotische Identifizierung mit der Mutter, welche die primäre Homosexualität der Tochter in Mütterlichkeit transformiert.

In dieser Transformation, in der Produktion von Mütterlichkeit, sieht Poluda-Korte eine wesentliche Funktion des Homosexualitätstabus: »Aus der Liebe zur Mutter wird der Wunsch nach einem Kind, mit dem diese Liebe wieder hergestellt werden soll« (Poluda-Korte 2001, S. 83). Mit diesem Wunsch wendet sich das Mädchen an den Vater, der für die Zerstörung der Mutter-Tochter-Dyade verantwortlich gemacht wird und mit der Erfüllung des Kinderwunsches Wiedergutmachung leisten kann.

Bei einer lesbischen Entwicklung wird das Homosexualitätstabu nicht akzeptiert. Die Wut darüber wird nicht im Über-Ich gebunden, sondern verbleibt im Ich, um das gleichgeschlechtliche Begehren weiter behaupten und aufrechterhalten zu können. Zwischen der Identifizierung mit der Mutter und der Liebe zu ihr bildet sich bei lesbischen Frauen nach Poluda-Kortes Beobachtungen ein spezifisches Mischungsverhältnis aus, das zwischen dem von heterosexuellen Frauen und Männern steht. So wandelt sich weniger Objektliebe in Identifizierung als bei heterosexuellen Frauen, aber mehr als bei Männern. Zugleich entwickeln lesbische

Frauen eine stärkere Identifizierung mit der väterlichen Potenz als heterosexuelle, wenngleich weniger als Männer.

Diese Überlegungen dienen Poluda-Korte zur Erklärung des Rollenwechsels von Eroberung und Hingabe, den homosexuelle Frauen wie auch Männer (vgl. Morgenthaler 1984) praktizieren. Allerdings kann ein solcher Rollenwechsel nach meiner Ansicht wohl auch bei heterosexuellen Paaren angenommen werden. Dies verweist darauf, dass sich das Verhältnis von Objektliebe und Identifizierung nicht schlicht entlang den traditionellen Geschlechterrollen verteilt, sondern bei jedem und jeder Einzelnen ein höchst komplexes Konglomerat aus verschiedensten Ebenen und Aspekten ist.

Ein nicht pathologisierendes psychoanalytisches Verständnis männlicher Homosexualität entwickelt Reimut Reiche (2001, 2004), seine Sichtweise beruht auf zwei grundlegenden Annahmen:

1. Die sexuelle Objektwahl, die den Kern der Homosexualität bildet, kommt nicht aufgrund einer pathologischen Abwehrorganisation zustande. Ebenso wie es »normale« und »gesunde« Heterosexualität gibt, so gibt es auch »normale« und »gesunde« Homosexualität.
2. Der Kern der Geschlechtsidentität und der Kern der Objektwahl entwickeln sich »gleichsinnig, synchron und nicht diachron« (Reiche 2001, S. 288).

Mit Kernberg (1995) geht Reiche in seiner Argumentation vom Ödipuskomplex aus, der Selbst-Entwicklung und Triebschicksal miteinander verschmilzt; das Kind entwickelt sich, indem es eine intensive Liebesbeziehung zu seinem Primärobjekt aufnimmt. Doch sind die Eltern nicht nur Objekt der Liebe des Kindes: Im Anschluss an die Allgemeine Verführungstheorie von Jean Laplanche hebt Reiche hervor, dass die Eltern als primäre Sozialisationsfiguren auch das Geschlecht ihres Kindes prägen, indem sie es mit bestimmten bewussten und unbewussten Aufgaben und Erwartungen ausstatten: »Du bist der für mich. Du bist John und so sollst du (mich) lieben« (ebd., S. 293). Das Kind dient als Container für die Träume und Traumen der Primärobjekte, wie auch umgekehrt die Primärobjekte dem Kind als Container für das Nichtassimilierbare dienen. Geschlechtsidentität und Objektwahl kann man in diesem Sinne als Umschriften der »rätselhaften Botschaften« der Erwachsenen auffassen.

Die These einer gleichzeitigen Etablierung von Geschlechtsidentität und Objektwahl im Rahmen der allgemeinen Verführungsszene hat zweifellos einen gewissen Charme. Problematisch daran erscheint mir allerdings, dass sie in diesem Zuge der Objektwahl den Charakter einer ebenso unhintergehbaren Weichenstellung zuweist wie der Geschlechtsidentität. Möglicherweise resultiert diese Problematik unausweichlich aus der Vorstellung einer *gleichzeitigen* Entwicklung beider Aspekte. Zu Recht weist Reiche allerdings darauf hin, dass die elterliche »rätselhafte Botschaft« kontingent ist. Für eine Theorie der Homosexualität ist dies ganz entscheidend, weil es deutlich macht, dass es keine elterliche Botschaft gibt und geben kann, die zwingend zu einer homosexuellen Entwicklung führt, wie dies manche psychoanalytische Theorien suggerieren (insbesondere Bieber et al. 1962; Socarides 1978).

So kommen verschiedene psychoanalytische Theorien mit jeweils konsistenten Begründungen zu konträren Ansichten über die Liebesverhältnisse und Identifizierungen des »prähomosexuellen« Jungen. Nun kann man daraus – wie Reiche – den Schluss ziehen, dass eine psychoanalytische Theorie zur Homosexualität diese unterschiedlichen Entwicklungswege in einem Modell zu fassen suchen muss. Man kann aber auch feststellen, dass es offenbar unmöglich ist, allgemeingültige Aussagen über die Entstehung von Homosexualität zu formulieren – und von diesem Unterfangen Abstand nehmen.

Das von mir vorgeschlagene Modell der Umschrift unter dem Primat des Anderen (Quindeau, 2008) bietet die Möglichkeit, die Entwicklung der sexuellen Orientierung auf einer strukturellen Ebene zu beschreiben. Dies trägt der Einsicht Rechnung, dass es einen eindeutigen oder notwendigen Weg weder zur Hetero- noch zur Homosexualität gibt. Dieser Verzicht auf eine psychosoziale Ätiologie bedeutet im Rückschluss nicht, dass die sexuelle Orientierung etwa angeboren sei; ihre Entwicklung erweist sich lediglich als weit kontingenter und ist stärker von kulturellen Faktoren – wie dem normsetzenden Primat der Heterosexualität, der Heteronormativität – bestimmt, als man möglicherweise annimmt. Daher lässt sich die Entwicklung der sexuellen Orientierung ebenso wie die anderer Verhaltensmerkmale stets nur im Einzelfall nachträglich rekonstruieren und plausibel machen.

Insbesondere wendet sich meine Konzeptualisierung gegen die auch in der Psychoanalyse verbreitete Vorstellung einer »kritischen Periode« zur Festlegung der sexuellen Orientierung. John Money (1988, S. 129) bietet diese Annahme zur Lösung der alten Streitfrage von Anlage und Umwelt gleichsam als Kompromiss an, aber meines Erachtens passt sie eher zur Beschreibung von Graugänsen in der Ethologie als in die Psychoanalyse. Begreift man die sexuelle Orientierung als Umschrift der bisexuellen Liebe des Kindes zu seinen Eltern, dann kann man damit auch einen psychodynamischen Zusammenhang von frühkindlichem und erwachsenem Liebesleben herstellen, der in neueren Konzeptionen von verschiedenen oder wechselnden »Sexualitäten« verloren ginge.

Es ist theoretisch wenig befriedigend, nur deskriptiv unterschiedliche »Homosexualitäten« und deren Entwicklungen nebeneinanderzustellen, wie zum Beispiel einen Mann, der immer schon gewusst hat, dass er homosexuell ist, oder einen anderen, dessen homosexuelle Orientierung sich erst im Verlauf der Adoleszenz ausprägte, sowie schließlich einen, der sich erst nach Jahrzehnten heterosexueller Liebe einem Mann zuwendet (vgl. etwa Isay 1989).

Für eine psychoanalytische Theorie der Sexualität sowie für die klinische Behandlung scheint mir diese deskriptive Disparität wenig hilfreich, auch wenn es im Vergleich zur früheren Theoriebildung schon einen großen Vorteil bedeutet, überhaupt unterschiedliche Formen zu unterscheiden und »Homosexualität« nicht als monolithische Einheit darzustellen, die zu einer bestimmten psychischen Struktur führt oder auf ihr beruht, was genauso wenig wie bei »Heterosexualität« der Fall ist.

Unterscheidung von Hetero- und Homosexualität

Die Beschäftigung mit psychoanalytischen Studien zur männlichen und weiblichen Homosexualität wirft die grundlegende Frage auf, wie sinnvoll eine Kategorisierung von Hetero- und Homosexualität überhaupt ist. Die Fallstudien wie auch die theoretischen Konzeptualisierungen ergeben eine solche Vielfalt an individuellen Ausprägungen, die allesamt deutlich machen, dass es *die* Homosexualität ebenso wenig gibt wie *die* Heterosexualität. Was bei Heterosexualität noch nie vermutet wurde, erscheint inzwischen auch im Falle der Homosexualität klar: Sie ist keine monolithische Einheit und ist nicht als bestimmter, spezifischer Typ einer psychischen Struktur zu bestimmen.

Sigmund Freud beginnt den psychoanalytischen Diskurs über Sexualität mit »Perversionen« und »Inversionen«, um den Zusammenhang menschlicher Sexualformen deutlich zu machen. Diese Linie verliert sich im Verlauf der weiteren psychoanalytischen Theoriebildung. Konventionelle Wertungen treten hinzu, und mit der Medizinisierung spielt auch die Pathologisierung eine große Rolle. Wie die Kategorien »Männlichkeit« und »Weiblichkeit« hat auch die Kategorisierung von Homo- und Heterosexualität im Wesentlichen eine gesellschaftliche Ordnungsfunktion, und die unvermeidlich damit verbundene Wertigkeit ist dem kulturellen Primat der Heterosexualität geschuldet (vgl. auch Poluda-Korte 2001). Für das psychoanalytische Denken ist eine solche Kategorisierung allerdings wenig hilfreich. Mit den vereinheitlichenden Kategorien der Homo- oder Heterosexualität wird vereinfachend ein Typus und eine Identität konstruiert, die allerdings – wie wir gesehen haben – weder eine spezifische psychische Struktur noch bestimmte lebensgeschichtliche Entwicklungsmuster noch (vermutlich) eine spezifische genetische Ausstattung aufweisen. So scheitert schließlich auch der Versuch, eine psychoanalytische Theorie der *Homo*sexualität zu formulieren, und ebenso wenig kann man spezifische Unterschiede zwischen männlicher und weiblicher Homosexualität benennen (vgl. Rohde-Dachser 1994).

Deshalb plädiere ich dafür, die wenig fruchtbare Suche nach Unterschieden zu beenden und auf die konventionelle Unterscheidung von Homo- und Heterosexualität im psychoanalytischen Diskurs zu verzichten. In diesem Sinne wäre mit Freud davon auszugehen, dass das Variabelste am Trieb das Objekt ist – zu konzipieren ist daher nur eine Sexualität mit verschiedenen, polarisierten Dimensionen wie zum Beispiel einem homo- und einem heterosexuellen Pol; hinzuzufügen wäre auch ein »männlicher« und ein »weiblicher« Pol in jedem Menschen. Denn im Liebesobjekt vermengen sich sowohl weibliche als auch männliche

Züge, und zwar nicht nur auf der psychischen, sondern ebenso auf der körperlichen Ebene. In jeder Liebesbeziehung, ob sie nun manifest hetero- oder homosexuell ist, verbindet sich eine gleich- und eine gegengeschlechtliche Objektwahl miteinander.

Sexualität und Psychotherapie

Schwierigkeiten, über Sexuelles zu sprechen

Vielfach wird inzwischen konstatiert, dass sich das Sexuelle aus dem psychoanalytischen Diskurs verflüchtigt habe; zu beobachten ist dies nicht nur auf der Ebene der Theorie, auch in den Behandlungen scheint das Sexuelle keine bedeutsame Rolle mehr zu spielen. Während vor einigen Jahrzehnten die Ausbildungskandidatinnen und -kandidaten noch in der Supervision über die zentrale Onaniephantasie ihrer Patientinnen und Patienten Auskunft geben mussten, soll es inzwischen Analysen geben, in denen überhaupt nicht über die Sexualität gesprochen wird.

Doch unabhängig davon, ob die Patientinnen und Patienten ihr sexuelles Verhalten und Erleben problematisch und behandlungsbedürftig finden oder nicht, kommt der Sexualität eine wichtige Funktion zu, die ich »seismographisch« nennen möchte. Denn in der Gestaltung der Sexualität kommen die unbewussten psychischen Konflikte, die auch den Symptomen und der Übertragung zugrunde liegen, zum Ausdruck; sie werden gleichsam im Bereich des Sexuellen inszeniert. Es lohnt sich also, diesen Inszenierungen nachzugehen, denn man erhält damit nicht nur wichtige Aufschlüsse über die Konfliktstruktur der AnalysandInnen, sondern diese Konfliktmuster sind im analytischen Dialog auch dem sinnlichen Erleben der Patienten und Patientinnen unmittelbar zugänglich und bearbeitbar.

Wie in den vorhergehenden Kapiteln beschrieben, erhalten die lebensgeschichtlich erworbenen und in den Körper eingeschriebenen Muster des Umgangs mit Lust und Befriedigung im sexuellen Erleben eine Ausdrucksgestalt. Dies gilt für das sexuelle Verhalten und insbesondere für die sexuellen Phantasien. Aus diesem Grund ist es sehr wichtig, die konkreten sexuellen Aktivitäten zu thematisieren, denn nur darüber lässt sich ein Zugang zu den begleitenden Phantasien gewinnen, die therapeutisch von höherer Bedeutung sind als das konkrete Verhalten. Die phantasmatischen Szenen des sexuellen Erlebens verarbeiten die Beziehungsmuster mit den frühkindlichen Bezugspersonen. Da sich dieselben Muster in der Übertragung niederschlagen, ergibt sich für die Patientinnen und Patienten ein hoch bedeutsames Evidenzerleben.

Ich möchte dies an einer Szene aus der Therapie mit Frau N. veranschaulichen, bei der sich die Langeweile als Angst vor der Lust erwies.

> Frau N. kommt wegen massiver »Panikattacken« – wie sie selbst ihre schweren Angstzustände nennt – in die Therapie. Erst nach einiger Zeit vertraut sie mir an, dass sie sich beim Sex mit ihrem Mann furchtbar langweile. Inzwischen sei sie fünf Jahre verheiratet, am Anfang ihrer Beziehung hätten sie zwei- bis dreimal in der Woche miteinander geschlafen, inzwischen nur noch einmal im Monat. Ihr Mann hätte öfter Lust, gäbe sich aber damit zufrieden, wenn sie nicht wolle.
>
> Ihr wird deutlich, dass sie dies eigentlich bedauert und sich wünscht, dass er mehr darauf bestehen würde. Allerdings sei er beim Sex nicht besonders einfallsreich; es würde immer nach dem gleichen Schema ablaufen. Als ich sie darauf aufmerksam mache, dass das ja vielleicht nicht nur seine Sache sei, reagiert sie erstaunt. Obwohl sie in anderen Bereichen das traditionelle Verständnis der Geschlechterrollen nicht teilt, ist sie davon überzeugt, dass nach wie vor der Mann bestimmen solle, was beim Sex passiert. Es wäre ihr viel zu peinlich, wenn sie sagen oder zeigen solle, was sie wolle.
>
> Als sie dies so deutlich ausspricht, ist sie selbst überrascht. Sie habe sich bisher für sexuell neugierig und offen gehalten und auch keine moralischen Bedenken gehabt. Ansonsten äußerst eloquent, fällt ihr das Sprechen über Sexualität in der Therapie schwer. Sie spricht sehr abstrakt, und ich merke, wie ich mich zunehmend langweile. Plötzlich höre ich mich sagen: »Aber eigentlich würden Sie schon gern ficken, oder?« Nun bin ich es, die überrascht und ein wenig beschämt ist, weil

ich unkontrolliert von »Ficken« gesprochen habe. Denn eigentlich halte ich es für wichtig, beim Sprechen über Sexuelles – wie in anderen Bereichen auch – die Formulierungen der AnalysandInnen aufzunehmen bzw., wenn sie von sich aus nicht darauf zu sprechen kommen, möglichst sachliche, neutrale Formulierungen zu wählen.

Doch mit diesem Moment von Unaufmerksamkeit und mangelnder Kontrolle treffe ich genau den Punkt. Zuerst schweigt sie eine Weile und lässt mich schmerzlich spüren, dass ich offenbar etwas sehr Unpassendes gesagt habe. Schließlich meint sie kühl: »Es wundert mich, dass Sie das so sagen.« Aber dann wacht sie förmlich auf und probiert aus, wie sich das »Ficken« aus ihrem Mund anhört. Sie bekommt Spaß daran und beginnt, anders zu sprechen: »Es stimmt, ich würde gern gefickt werden, aber er tut es nicht. Er ist so rücksichtsvoll. Aber ich wünsche mir manchmal nur einen großen Schwanz, der Mann daran ist mir egal.« Je mehr sie sich zugestehen kann, dass ihre Wünsche in Ordnung sind, desto mehr verschwindet die Langeweile und ihre Lust macht ihr weniger Angst.

Die Langeweile, die sich als Abwehr vor ihre sexuelle Lust schob, manifestierte sich auch in der Übertragungsbeziehung in meinem Erleben als Analytikerin. Die Regression der Gegenübertragung ermöglichte ein Überschreiten dieser Abwehr und verschaffte Frau N. so einen unmittelbaren Zugang zu ihrem Erleben.

In der Analyse von Frau N. zeigt sich ein Problem, das sich häufig bei Patientinnen und Patienten findet: Sexualität scheint ihnen überbewertet und nicht der Rede wert. Doch kann uns in solchen Äußerungen auch die Abwehr von psychischen Konflikten begegnen. Hinter der Lustlosigkeit verbirgt sich dann eine wenig zufriedenstellende, eingeschränkte Sexualität (vgl. auch Clement 2004).

So stellte es sich auch als Problem von Frau N. heraus, dass sie das Gefühl hatte, nicht »ficken« zu dürfen, wobei wir darunter weitgehend unkontrollierten, lustvollen Sex verstanden, bei dem sich beide Beteiligten vollständig ihrer Lust hingeben. Während Männer dies zwar eher mit ihrem kulturell vermittelten Selbstverständnis vereinbaren könnten, fühlen sie sich häufig durch die Liebe zu ihrer Partnerin daran gehindert. Hier scheint Freuds Einsicht bestätigt: »Wo sie lieben, begehren sie nicht, und wo sie begehren, lieben sie nicht« (Freud 1912d, S. 202).

Frauen scheinen hingegen oft durch ein traditionelles, nach wie vor wirksames Geschlechtsrollenverständnis daran gehindert, ihrer Lust freien Lauf zu lassen. Insbesondere fällt es vielen schwer, sich einzugestehen, dass Lust auch mit Aggression verbunden sein kann. Dies scheint mit Weiblichkeit häufig nur schwer vereinbar. Dabei bietet die Sexualität eine Möglichkeit, die Gefühle von Wut, Konkurrenz und Rivalität, die sich in jeder Partnerschaft einstellen, lustvoll zu verwandeln. Die Einschätzung hingegen, dass nur sanfter, zärtlicher Sex liebevoll sein könne, scheint eher der »politischen Korrektheit« geschuldet.

Lustvoller Sex setzt voraus, sich auf das Geschehen mit dem Anderen völlig einlassen, sich dem Anderen überlassen zu können. Im Unterschied zu »Perversionen«, bei denen ein strenges Arrangement der sexuellen Aktivitäten für den Orgasmus unerlässlich ist, ist es meist gleichgültig, was konkret gemacht wird. Das Erreichen des Orgasmus ist auch nicht das Hauptziel des sexuellen Geschehens. Die Positionen von Aktivität und Passivität, von Macht und Unterwerfung sind dabei in ständigem Wechsel begriffen: »Nehmen« und »Genommenwerden« lassen sich nicht zwischen Männern und Frauen verteilen, sondern gelten für beide gleichermaßen.

Doch viele Patientinnen und Patienten zeigen, dass es ihnen oft nicht leichtfällt, sich beim Sex zu entspannen und sich dem Anderen zu überlassen. Sie möchten lieber den aktiven Part einnehmen und den Anderen befriedigen, als sich selbst befriedigen zu lassen. Einen interessanten Hinweis aus seiner sexualtherapeutischen Praxis gibt David Schnarch. Er empfiehlt seinen Patientinnen und Patienten in diesen Fällen, Oral- statt Genitalsex zu praktizieren: »Beim Oralsex nähern Sie sich dem Sex als Gleiche. Sie stehen dabei weniger unter Druck […], sowohl als Gebender als auch als Nehmender« (2011, S. 408).

Bei dieser sexuellen Praktik würden die Schwierigkeiten, sich aufeinander einzulassen, spürbarer als bei genitalem Sex, bei dem häufig jeweils der Partner als der problematischere Teil gesehen werde. Paradoxerweise soll dies jedoch der größeren Kontrolle dienen, so empfiehlt Schnarch: »Sie müssen lernen, beim Sex Ihre Angst zu beeinflussen. Das ist alles. Und Sie können dies leichter lernen, wenn Sie nur in der empfangenden Rolle sind. Außerdem ist die physische Stimulation, die Sie beim

Oralverkehr empfangen, intensiver als beim Genitalverkehr. Nachdem Sie eine größere Toleranz für intensive Stimulation und eine bessere Kontrolle über Ihre Angst entwickelt haben, sind Sie beim Genitalverkehr besser in der Lage, ihre Orgasmen zu kontrollieren« (ebd., S. 409).

So konstruktiv diese Überlegungen zunächst wirken mögen, mit der Idee einer Kontrolle über den Orgasmus scheinen sie das Ziel, sich zu öffnen und dem Anderen zu überlassen, zugleich wieder zunichtezumachen. Solch ein Vorgehen scheint mir allerdings keineswegs singulär, sondern öfter in Sexualtherapien vorzukommen, da ihnen nicht selten ein mechanistisches Verständnis von Sexualität zugrunde liegt.

Aus psychoanalytischer Perspektive verspricht bekanntlich die Übung oder ein Training von sexuellen Praktiken kaum nachhaltig Abhilfe zu verschaffen. Denn die sexuellen Schwierigkeiten stellen – ebenso wie andere Symptome – Kompromisslösungen von psychischen Konflikten dar, die verstanden werden müssen. Die psychosexuellen Konflikte bilden sich in der konkreten, gelebten oder vermiedenen Sexualität ab, wie beispielsweise die Konflikte um Trennung, Abhängigkeit oder Triangulierung. Interessanterweise geht auch David Schnarch (2011) in seinem erfolgreichen Differenzierungstraining von einer solchen psychischen Konflikthaftigkeit aus. Die Differenzierung soll eine Balance herstellen zwischen dem Bedürfnis nach Individualität und dem nach Nähe. Sie zielt auf die Entwicklung eines klar abgegrenzten Selbst, das erst die Nähe zum geliebten Anderen ermöglicht.

Psychoanalytisch betrachtet fokussiert Schnarch damit vor allem die orale Konfliktebene und lässt die anderen Dimensionen wie Macht- und Triangulierungskonflikte außer Acht. Hinzu kommt, dass er nur mit seinen Patienten und Patientinnen über diese mangelnde Fähigkeit zur Differenzierung im Sinne einer Psychoedukation spricht und sie nicht in der Übertragung, in der therapeutischen Beziehung, bearbeitet. Damit verpasst er die Möglichkeit, die zentralen Konfliktmuster, die sich gerade zwischen TherapeutIn und PatientIn abbilden, aufzugreifen und sie direkt dem unmittelbaren Erleben der Patientin bzw. des Patienten zugänglich zu machen.

Diese Konfliktmuster finden nämlich eine Entsprechung in

den Mustern von Übertragung und Gegenübertragung: Das, was sich im sexuellen Erleben und Verhalten findet, bildet sich auch in der Übertragungsbeziehung ab. Die Wahrnehmung dieser Strukturanalogie erweist sich als hilfreich beim Durcharbeiten der Konflikte, da es, wie schon gesagt, den AnalysandInnen ein besonderes Evidenzerleben ermöglicht.

Übertragungs- und Gegenübertragungsliebe

Die Geschichte der Psychoanalyse beginnt mit der Übertragungsliebe; Josef Breuer flüchtete bekanntlich in konventionellem Entsetzen vor der imaginären Schwangerschaft seiner Patientin Anna O. Er konnte noch nicht sehen, dass sich solch eine Liebe in der Übertragung regelhaft einstellt und die Therapiestunde – wie Michel de M'Uzan (2006) treffend formuliert – zu einer »erogenen Zone« macht.

Sigmund Freud schreibt der Übertragung die Aufgabe zu, die »verborgenen und vergessenen Liebesregungen der Kranken aktuell und manifest zu machen, denn schließlich kann niemand *in absentia* oder *in effigie* erschlagen werden« (1912b, S. 374). Die Übertragungsliebe wird so zur notwendigen Voraussetzung des analytischen, therapeutischen Prozesses. An anderer Stelle beschreibt er als Ziel: »Jede psychoanalytische Behandlung ist ein Versuch, verdrängte Liebe zu befreien, die in einem Symptom einen kümmerlichen Kompromißausweg gefunden hat« (Freud 1907a, S. 118).

Den Begriff der Gegenübertragung verwendet Freud zum ersten Mal im Jahr 1909 in einem Brief an C. G. Jung im Zusammenhang mit dessen Affäre mit Sabina Spielrein: »Ich selbst bin zwar nicht so hereingefallen, aber ich war einige Mal sehr nah daran und hatte ›a narrow escape‹. Es schadet aber nichts. Es wächst einem so die nötige harte Haut, man wird der ›Gegenübertragung‹ Herr, in die man doch jedesmal versetzt wird, und lernt, seine eigenen Affekte verschieben und zweckmäßig plazieren« (Freud/Jung 1984, S. 112). Zwei Jahre später, im Dezember 1911, schrieb Freud an Jung und warf ihm die Liebesbeziehung mit Spielrein vor. Er ermahnte ihn ebenso wie Pfister, den Forderungen der Patientin unzugänglich zu bleiben (ebd., S. 212f.).

Im freudschen Werk bleibt der Begriff gebunden an die Gegenliebe eines Analytikers auf die Liebesgefühle, die ihm seine Analysandin im Zuge ihrer Übertragungsliebe entgegenbringt. In seinen *Bemerkungen über die Übertragungsliebe* (1915a) befasst sich Freud ein letztes Mal mit der Frage der Gegenübertragung und macht deutlich, dass die Kur in der Abstinenz, die er mit Versagung und Entbehrung gleichsetzt, zu führen sei. Der Analytiker sei mit einem kalten Chirurgen zu vergleichen und habe die Funktion eines Spiegels zu übernehmen.

Interessant ist nun, dass diese inzwischen vielfach zu Recht kritisierte Haltung gleichsam präventiv zur Verhinderung von Liebesbeziehungen zwischen TherapeutInnen und PatientInnen entstanden ist. Um Liebesgefühle des Therapeuten gar nicht erst entstehen zu lassen, da diese die analytische Kur erschweren oder gar gefährden, wurde der Chirurg zum professionellen Vorbild.

Freud fand noch einen weiteren Weg, um sich die Übertragungsliebe, an deren Unausweichlichkeit er keinerlei Zweifel hegte, vom Leib zu halten: die rekonstruktive Übertragungsdeutung. So zeigt Anna Koellreuter (2009) anhand von Tagebuchaufzeichnungen einer Patientin von ihm, der Schweizer Ärztin Anna G., wie Freud die Entwicklung der Übertragungsliebe zunächst forcierte, indem er die Patientin aufforderte, außerhalb der Beziehung zu ihm abstinent zu leben: »Dulden und entbehren Sie, so daß alles desto deutlicher in der Stunde zum Vorschein kommt« (Koellreuter 2009, S. 45). Doch dann versuchte er, ihr deutlich zu machen, dass sie eigentlich nicht ihn meinte: »Das ist nun die Übertragung der alten Liebe und Verliebtheit, die Sie zum Vater hatten, auf mich. Auch alle die schmerzlichen Enttäuschungen, Eifersucht etc. wird dann kommen« (ebd., S. 53).

Damit weist Freud die von ihm und der analytischen Situation provozierte Liebe zurück, anstatt sie zu analysieren. Die Kontroverse, ob die Übertragungsliebe eine »echte« Liebe sei oder lediglich ein Relikt aus Kindertagen, hält bis in die Gegenwart hinein an. Noch in seinen *Bemerkungen über die Übertragungsliebe* lässt Freud allerdings keinen Zweifel daran: »Man hat kein Anrecht, der in der analytischen Behandlung zutage tretenden Verliebtheit den Charakter einer ›echten‹ Liebe abzustreiten« (ebd., S. 317).

Die widersprüchliche Haltung Freuds macht die Schwierigkeiten im Umgang mit diesem Phänomen deutlich, an denen sich bis heute nichts Wesentliches geändert hat. Sebastian Krutzenbichler und Hans Essers (2010) zeichnen die unterschiedlichen Umgangsweisen mit der Liebe in der Übertragung und der Angst, die sie erzeugt, im Verlauf der Psychoanalysegeschichte nach:

> »Und so führt eine kollektive Angstabwehr dessen, was es vor und hinter der Couch zu befreien gilt, zu einem absurden Unternehmen: Verdrängte Liebe soll befreit werden, indem ein schafsgesichtiger Blechaffe Liebe um sich selbst kreisen lässt; der Analytiker streift morgens vor Praxisbeginn seinen Trauring (Cremerius 1984, S. 777) ab, zieht einen weißen Kittel über [...], bevor er sich in seine bewusst kahl und unpersönlich gehaltenen Behandlungsräume begibt, empfängt dort mit der Mimik eines Blechaffen (Stone 1973, S. 47) seine Patienten, unsicher, ob er ihnen die Hand zur Begrüßung reichen darf, beschränkt seinen Sprechkontakt auf ein Minimum (Cremerius 1984) und enthält sich guter Wünsche für eine erfolgreiche Operation seines Patienten, da dies als un-analytisch deklariert wird« (Krutzenbichler/Esser 2011, S. 7f.).

In ihrem Durchgang durch die Geschichte der Psychoanalyse kommen Krutzenbichler und Essers zu dem Befund, dass die Forderung nach strengster Abstinenz keineswegs sexuelle Beziehungen mit Patientinnen und Patienten ausschließe: »Denn die Angst vor den Liebeswünschen der Analysandin und das Verleugnen des eigenen Begehrens, was beides durch eine per Dekret erlassene Haltung in Schach gehalten werden muss, provozieren Entgleisungen geradezu« (ebd., S. 9).

So sieht auch Paula Heimann in ihren berühmten *Bemerkungen zur Gegenübertragung* (1950) das Problem, dass AusbildungskandidatInnen häufig erschrecken würden, wenn sie positive Gefühle für ihre Patientinnen und Patienten entdeckten und versuchten, diese Gefühle durch Verdrängung und Verleugnung zum »Schaden ihrer Arbeit« abzuwehren: »Sie neigten auch dazu, Bemerkungen über die positive Übertragung mit den damit verbundenen sexuellen Phantasien zu übersehen oder zu übergehen und willkürlich Zeichen der negativen Übertragung herauszugreifen, weil sie hierdurch das Ziel der ›kühlen Distanziertheit‹ sicherer zu erreichen glaubten« (ebd., S. 483).

Nicht zuletzt durch die intersubjektive Psychoanalyse wird inzwischen zunehmend die Person des Therapeuten in das Übertragungs-Gegenübertragungs-Geschehen einbezogen; parallel rückt der sexuelle Aspekt zumeist in den Hintergrund. So ist bis in die Gegenwart hinein zu beobachten, dass in klinischen Konferenzen, in Supervisionen oder auch in Intervisionen weit häufiger über Affekte wie Ärger, Gereiztheit, Traurigkeit oder auch Freude berichtet wird als über sexuelle Gefühlsregungen.

Meines Erachtens hängen die Ausweitung der Gegenübertragung und ihre Erhebung zum zentralen Erkenntnisinstrument sowie die Verflüchtigung des Sexuellen zusammen. David Mann (1999) sieht hierfür auch kulturelle Unterschiede am Werk:

> »Da es unwahrscheinlich ist, daß Patienten schlicht aus geographischen Gründen unterschiedliches Material präsentieren, müssen wir annehmen, dass hier auch kulturelle Faktoren eine Rolle spielen. So hat die britische Schule mit großem Elan die Aggressivität erforscht, am Erotischen aber offenbar weniger Interesse gezeigt. Vielleicht spiegelt diese Haltung jenes größere Unbehagen gegenüber sexuellen Dingen wider, das der englische Dramatiker Brian Rix in seiner Farce *No Sex Please, We're British* so vortrefflich charakterisiert hat« (ebd., S. 51f.).

Parallel zur Aufwertung der Gegenübertragung bekommt die Übertragungsliebe eine negative Färbung. Sie wird als maligne (bösartige) Form der Übertragung aufgefasst. Mit ihrem drängenden Charakter wird sie oft als »erotisierte Übertragung« bezeichnet und häufig Borderline-Patientinnen bzw. Patientinnen mit sexuellen Missbrauchserfahrungen zugeschrieben oder sie wird aufgrund ihrer scheinbar mangelnden Realitätsprüfung sogar mit der psychotischen Übertragung in Verbindung gebracht. Die entsprechende Gegenübertragung zeichne sich ebenfalls durch ihren archaischen Charakter aus, der zum Agieren dränge (ausführlich siehe Krutzenbichler/Essers 2010).

Wenngleich es solch drängende Übertragungsliebe mit der entsprechenden Gegenübertragung natürlich gibt, halte ich es für problematisch, die Übertragungsliebe generell mit solch einem pathologischen Vorzeichen zu versehen und möchte mit Krutzenbichler und Essers dafür plädieren, sie wieder als universellen Teil der therapeutischen Beziehung zu begreifen und dabei insbesondere ihre körperlichen Dimensionen aufmerksam wahrzunehmen. Damit soll der expliziten Entkörperlichung dieser Beziehung entgegengewirkt werden, wie sie sich beispielsweise im Bereich der relationalen Psychoanalyse findet und so eigentümliche Konzeptualisierungen wie die Engelsübertragung hervorbringt: »Ich werde die Übertragungsliebe als eine Transformation beschreiben, in welcher der Analytiker dem Engel ähnlich zu werden beginnt« (Benjamin 1993, S. 115).

In Anlehnung an Rainer Maria Rilkes *Duineser Elegien* betrachtet Benjamin diese Liebe als »Ausdruck eines Sehnens nach Anerkennung [...]: Ich brauche einen Engel, um mich zu erkennen, ein vollkommen mächtiges Wesen, das mich erkennen kann, weil es dieses vollkommene Wissen, nach dem ich mich sehne, verkörpert« (ebd., S. 115f.). Benjamin plädiert für eine erweiterte Vorstellung von Erotik, um auch die mütterliche Übertragungsliebe beschreiben zu können: »In der Tat würde ich meinen, daß die mütterliche Erfahrung des Haltens und Aufgehobenseins einen grundlegenden Gegenpol zum Bild phallischer Penetration in der erotischen Erfahrung des Erkanntwerdens bildet« (ebd., S. 127). Doch auch die Figur der »haltenden Mutter« enthält ein Triebelement, das Benjamin allerdings ausschließlich negativ zeichnet: »In der Übertragung kann die Mutter als ›anal kontrollierende, phallische Mutter‹ oder als ›peinigende Brust-Mutter‹, nach der man sich sehnt, die aber unzugänglich bleibt, phantasiert werden, und beide Mutterfiguren können auch Phantasien erotischer Unterwerfung stimulieren« (ebd., S. 128).

Problematisch an dieser Konzeptualisierung – insbesondere bei einer sich als feministisch verstehenden Analytikerin – ist das Fehlen jeglicher eigenen Sexualität der Mutter, wie sie etwa die Grundlage der Allgemeinen Verführungstheorie bildet. Dieser Entsexualisierung entsprechend, ist die Übertragungsliebe im intersubjektiven Raum nach Benjamin charakterisiert durch das Streben nach einer Anerkennung durch den Analytiker, die das Vertrauen in die »wirklichen Gefühle von Freiheit und Lebendigkeit« (ebd., S. 136) erleichtert.

Im Unterschied zu diesem Ansatz betont Johannes Grunert die Bedeutung des Körpers in der Übertragung und führt die Übertragungsliebe auf die körperlichen Interaktionen in der frühen Mutter-Kind-Beziehung zurück, dabei spielen »sehr persönliche und schwer zu enträtselnde Momente von Anziehung eine große Rolle. […] Es handelt sich um Vorgänge elementarer Natur, die sich im Gefolge oft unerklärbarer archaischer, körpernaher Kommunikationsprozesse noch jenseits des durchschaubaren Übertragungs-Gegenübertragungs-Geschehens abspielen« (Grunert 1989, S. 208). Um diese entziffern zu können, fordert Grunert eine »Verführungsbereitschaft« der Therapeutinnen und Therapeuten.

Eine solche Verführungsbereitschaft ist auch im Hinblick auf die Liebesgefühle der Patientinnen und Patienten von großer Bedeutung, die sorgsam aufgenommen und gehalten werden muss. Gerd Schmithüsen (2012) entwickelt das Konzept einer »unanstößigen Liebesübertragung« und legt dar, wie bedeutsam es für PatientInnen ist, eine Resonanz auf ihre Liebeswünsche zu erfahren. Da sich solche Liebesäußerungen häufig eher indirekt zeigen, weil wir nirgends so verletzlich sind wie dort, wo wir lieben (Freud), ist es für den therapeutischen Prozess besonders wichtig, sie behutsam wahr- und aufzunehmen. Werden sie hingegen – nicht selten aus Angst vor den eigenen Gefühlen – vom Therapeuten übergangen, kann dies frühe belastende und traumatische Erfahrungen von Zurückweisung aktualisieren.

Wenn die Resonanz ausbleibt, hinterlässt dies aufseiten der Patientinnen und Patienten ein Gefühl des Beschämt- und Ausgeliefertseins. Entwertend erscheint auch die oft vorschnelle Klassifizierung der erotischen Übertragung als Abwehr oder als Ausdruck einer frühen Störung, die sich den PatientInnen auch nonverbal mitteilt und die möglicherweise selbst auch als eine Form der Angstbewältigung für den Therapeuten fungiert. Hingegen fordert Schmithüsen, die Liebesäußerung von PatientInnen »angemessen und wahrhaftig« aufzunehmen. Zu entfalten sei die »Fähigkeit, gemeinsam etwas von der Liebe im Raum zu spüren« (ebd., S. 206), und die Anerkennung, dass sich nicht nur der Patient verletzlich macht, wenn es um die Liebe geht, sondern ebenso der Therapeut oder die Therapeutin.

Jean Laplanche hat diesen Gedanken in seiner Verführungstheorie weiter ausgearbeitet. Nach diesem alteritätstheoretischen Verständnis (vom Lateinischen »alter« – der andere; dieser nämlich bildet den Ausgangspunkt und nicht das Subjekt) stellt die therapeutische Situation eine Neuetablierung eines Ortes der Urverführung dar. Laplanche betont den Primat (den Vorrang, die Priorität) des Anderen. Im Zuge der Urverführung, die von Erwachsenen ausgeht und sich an das Kind richtet, bildet sich die psychische Struktur des Kindes, das Unbewusste und das sexuelle Begehren. Die therapeutische Situation bringt nun diese Urverführung ihrem Wesen nach wieder ins Spiel. Die unbewusst sozialisierten Interaktionsmuster zwischen Eltern und Kind, der jeweils individuelle, idiosynkratische Umgang mit den rätselhaften Botschaften, werden zwischen TherapeutIn und PatientIn wieder aktualisiert.

Die therapeutische Situation lässt sich beschreiben als responsives Wechselspiel von Anspruch und Antwort. In seiner Andersartigkeit und Fremdheit provoziert der Therapeut eine rätselhafte Situation, die die PatientIn zum Übersetzen bringt. Ebenso lässt sich sagen, die Therapeutin provoziert mit der Urverführung die Übertragung. Die Verführung geht zunächst von der Therapeutin oder dem Therapeuten aus, indem er oder sie mit dem Therapieangebot auch ein Angebot zur Übertragung macht. Diese Szene entspricht der Urverführung in der Lebensgeschichte der Analysandin. Im weiteren Therapieverlauf ist die Verführung wechselseitig; sie geht mal vom Analysanden, mal vom Therapeuten aus. Insofern ist der Primat des Anderen auch wechselseitig, denn beide Beteiligten des analytischen Prozesses unterliegen dem Unbewussten. Anna Koellreuter (2000) greift diese Konzeptualisierung auf und betont die Wichtigkeit der Aufrechterhaltung der Dimension der inneren Alterität im Übertragungs-Gegenübertragungs-Geschehen (ebd., S. 138). In einer Fallgeschichte zeigt sie auf, wie der therapeutische Prozess stagniert, wenn die primärprozesshaften, triebhaft-sexuellen Anteile der Beziehung sowie eigene homophobe Gegenübertragungsreaktionen unerkannt bleiben.

> Die Analyse mit einer etwa dreißigjährigen Frau, die wegen Beziehungsproblemen mit ihrer langjährigen Lebenspartnerin die Therapie aufsuchte, stagnierte nach einigen Monaten. Die (heterosexuelle) Analytikerin fühlte sich zunehmend gelähmt, obwohl sie den Eindruck hatte, einen guten Zugang zu der Patientin zu haben.

> In diesem Zusammenhang kam ihr noch einmal das Erstgespräch in den Sinn. Die Analysandin hatte ihr damals erklärt, dass sie unter zwei Bedingungen zu ihr in Analyse käme: Erstens sollten sie sich duzen und zweitens wollte sie als Lesbe akzeptiert werden. Während die Analytikerin die erste Bedingung ablehnte und der Patientin erklärte, dass sie das »du« nicht akzeptieren würde, weil sie keine Freundschaft aufbauen, sondern eine Analyse machen wollten, sagte sie, dass sie mit der zweiten Bedingung keine Probleme hätte. Als die Patientin damals »relativ gereizt« die Stunde verlassen hatte, hatte die Analytikerin zunächst gedacht, dass sie wohl nicht wiederkommen würde. Monate später war ihr dann aufgefallen, dass sie im Erstgespräch »unanalytisch« direkt auf die Bedingungen geantwortet und der Patientin damit den Raum für ihre Phantasien genommen hatte. Sie stellte dabei fest, dass sie im weiteren Verlauf öfter mit der Frage beschäftigt gewesen war, ob die Patientin vielleicht doch keine Lesbe sei, und spürte ihre Angst in der Gegenübertragung vor möglichen Liebesangeboten. Die Sprachlosigkeit löste sich im weiteren Verlauf der Therapie langsam auf und das Verhältnis entspannte sich (ebd., S. 136ff.).

Diese kurze Fallgeschichte macht deutlich, wie wichtig es ist, sich der eigenen sexuellen Wünsche und Ängste, die im Kontakt mit den Patienten und Patientinnen entstehen, bewusst zu werden. Das Beispiel zeigt eine sehr häufige unbewusste Dynamik: So geht es meist nicht darum, dass man sich konkret eine sexuelle Beziehung zu einem Patienten oder einer Patientin wünscht und sich dies eingesteht, sondern die Problematik beginnt schon viel früher, nämlich in der Abwehr des Sexuellen. Sexuelle Impulse werden oft schon im Entstehen übersprungen, bevor sie sich überhaupt als Wünsche oder Ängste bemerkbar machen können.

In der Fallgeschichte ist dies gut sichtbar: Die Kollegin zeigt in ihrer Darstellung, dass sie mit ihrer direkten Antwort – sie könne die Patientin als Lesbe akzeptieren – nicht nur die Unsicherheit der Analysandin beendet, sondern damit auch ihre eigene überspringt. Zwar könnte man annehmen, dass sie mit ihrer klaren Stellungnahme der Patientin vielleicht mögliche Zweifel nimmt und sie beruhigt, doch schont sie sich damit unbewusst auch selbst, indem sie sich nicht ihren eigenen Gefühlen, ihren eigenen Wünschen, Ängsten, Unsicherheiten einer lesbischen Frau gegenüber aussetzt.

Diese Ängste vor dem Sexuellen haben nicht nur mit Homophobie zu tun, sie beschränken sich nicht auf gleichgeschlechtliche Therapien, sondern kommen in jeder Therapie vor und beinhalten auch die Angst vor der eigenen Körperlichkeit. So überspringt man das Sexuelle häufig, um sich Unsicherheit zu ersparen, und zwar aus Angst vor zu viel Nähe in der Übertragung-Gegenübertragung. Es entsteht dann eine Art Tabuzone, die zu Lähmungen und Stagnationen führen kann. Um dies zu verhindern, ist es wichtig, die Wahrnehmungseinstellung als TherapeutIn zu erweitern und ein feines Gespür für die eigenen sexuellen Impulse, Gefühle und Gedanken zu entwickeln. Dabei geht es nicht allein um genitale Sexualität, sondern um das umfassende Spektrum des (Infantil-)Sexuellen.

Ein vielversprechendes Konzept aus dem Bereich phänomenologischer Philosophie nimmt Jörg Scharff (2010) zum Ausgangspunkt, um die leibliche Dimension des therapeutischen Prozesses zu beschreiben, nämlich die »Zwischenleiblichkeit« von Maurice Merleau-Ponty. Er betont dabei die Verbindung der infantilen und der genitalen Sexualität: »So zutreffend es ist, dass der leiblich-gestische Beziehungsmodus im Prägenitalen wurzelt […], so geht doch die Vorstellung fehl, dass sich das Zwischenleibliche in der analytischen Situation nur im frühen Modus, nicht aber auch auf der Ebene ödipaler Konflikthaftigkeit und reiferer Beziehungsanteile als performativer Überschuss in Szene setzen würde« (Scharff 2010, S. 12). Höchst instruktiv für die therapeutische Praxis veranschaulicht er an verschiedenen Fallgeschichten, dass das Sprechen immer ein leibhaftiges Sich-Äußern ist.

Nach Jean Laplanche besitzt die Übertragung unausweichlich einen unbewussten sexuellen Charakter. In der Interaktion von TherapeutIn und PatientIn werden sexuelle Wünsche und Phantasien von Zeit zu Zeit zwar spürbar, werden aber häufig nicht thematisiert. So stellt etwa Lilian Otscheret (2004) fest: »Erotik und Sexualität gehören seit jeher zu den schwierigsten Themen in jeder Psychoanalyse. […] Es fehlt an praktikablen und lehrbaren Konzepten für den angemessenen und entwicklungsfördernden Umgang mit Sexuellem im analytischen Prozess.«

Ein solches Konzept entwickelte Hansjörg Pfannschmidt (1997, 2007) mit seiner Idee des Übertragungsraums als »erotisch-sexueller Spielraum«. Er knüpft damit an Donald W. Winnicotts Begriff des Übergangsraums als eines »intermediären Bereichs« an und bezieht ihn auf den Bereich des Sexuellen. Im Übergangsobjekt sind An- und Abwesenheit der Mutter auf eindrucksvolle Weise miteinander verbunden; es stellt sich keine Dichotomie her zwischen An- oder Abwesenheit. Analog lasse sich nun in Bezug auf die sexuelle Dimension im therapeutischen Prozess auch Erfüllung und Versagung zusammendenken und nicht als Alternative im Sinne eines Entweder-oder. In diesem Übertragungsraum können die erotischen Phantasien und das Körpererleben der Patientinnen und Patienten zum Ausdruck kommen.

Die Verbindung von Übertragung und Gegenübertragung bildet diesen Übergangsraum, in dem sinnlich-körperliche Erfahrungen zwischen PatientIn und TherapeutIn gemacht werden, ohne dass es zu konkreten körperlichen Berührungen kommt. Diesen Übergangsraum zur Verfügung zu stellen und zu halten stellt eine wichtige therapeutische Aufgabe dar. Die Angst vor einer Abstinenzverletzung kann diesen Raum ebenso zerstören wie die Abstinenzverletzung selbst. Vielmehr ermöglicht der Übertragungsraum, verdrängte sexuelle Wünsche zuzulassen, zu spüren und zu thematisieren, ohne sie umsetzen zu müssen.

Die sexuelle Dimension spielt sich dabei, wie bereits dargelegt, nicht so sehr auf der Ebene der manifesten Inhalte ab. Bedeutsamer ist das körperlich-sinnliche Geschehen zwischen PatientIn und TherapeutIn, das von beiden Seiten ausgeht und oft von beiden abgewehrt wird. Pfannschmidt verweist darüber hinaus noch auf einen weiteren wichtigen Aspekt, der sich aus dem Zusammenspiel von PatientIn und TherapeutIn ergibt: »Verdrängt wird die Wahrnehmung, den anderen mit dem eigenen erotisch-sexuellen Gefühl berührt und eine körperlich spürbare emotionale Antwort erhalten zu haben« (ebd., S. 206). So wird nicht allein das Sexuelle abgewehrt, sondern auch das Bewusstwerden der wechselseitigen Verführung und Verführbarkeit.

Zu welchen Schwierigkeiten es führen kann, wenn diese sexuelle Dimension unerkannt bleibt, zeigt folgendes Fallbeispiel:

> »Ein Kollege erzählte in einer Supervisionssitzung, dass im Zusammenhang mit einem erotischen Traum der Analysandin zwischen ihm

> und ihr das Thema Sexualität besprochen worden war; sie habe dabei im Einzelnen von den sexuellen Praktiken mit ihrem Freund berichtet, der impotent sei, was ihr zu schaffen gemacht habe.
>
> Der Kollege selbst schildert die Atmosphäre der Stunde dicht, nahe und ihn erotisch stimulierend. Er spricht mit der Patientin dann allerdings über die Potenzschwierigkeiten ihres Freundes. In der nächsten Stunde kommt die Patientin mit einer niedergeschlagenen, vorwurfsvollen Miene in die Stunde. Sie beklagt sich in einem überheblichen und nörgelnden Tonfall über die Inkompetenz von Ärzten, die sie in der letzten Zeit konsultiert hatte, was den Kollegen zu seinem eigenen Erstaunen so aus der Fassung bringt, dass er ihr Vorhaltungen macht, was die Patientin ihrerseits dazu veranlasst, die Therapie überhaupt in Frage zu stellen und zu sagen, dann brauche sie ja überhaupt nicht mehr zu kommen« (Pfannschmidt 2007, S. 15f.).

An diesem Beispiel lässt sich die Abwehr beider Beteiligter gut erkennen, die mir zu einem großen Teil charakteristisch erscheint für die Schwierigkeiten, die sich im Umgang mit Sexuellem in der Psychotherapie ergeben. Die Patientin kleidet ihre sexuellen Wünsche an den Therapeuten zunächst in einen Traum und macht sie auf diese Weise zwar thematisierbar, verfremdet sie aber zugleich. Ein weiterer Schritt der Verfremdung findet dann in der Verschiebung des Themas auf ihren Freund statt. Der Therapeut geht diese Abwehr mit und spricht nur über ihren Freund, statt seine eigene Involviertheit durch den Traum anzusprechen. Dem Anspruch der Patientin folgt keine Antwort des Therapeuten.

Diese Dethematisierung macht die sexuellen Phantasien der Patientin zu etwas Unerwünschtem, vielleicht auch zu etwas Gefährlichem. Indem der Therapeut die Übertragungsebene nicht anspricht, trägt er zur Wut der Patientin bei, mit der sie in die nächste Stunde kommt. Ihre Wut könnte zum einen daraus resultieren, dass sie sich in ihren Wünschen als gefährlich erlebt und Angst hat, die analytische Beziehung dadurch zu gefährden. Zum anderen könnte sie aber auch darunter leiden, nicht als eine Frau wahrgenommen zu werden, die sexuell attraktiv ist und in ihrem Therapeuten sexuelle Reaktionen auslösen kann (ebd.).

Deutlich wird, dass sich die mangelnde Resonanz des Therapeuten in diesem Fall nicht förderlich auf den Therapieprozess auswirkt. Zwar hat er vordergründig die Abstinenz eingehalten, aber seine eigenen körperlich-sinnlichen Wahrnehmungen im Gefolge der Traumerzählung abgewehrt und verborgen. Dem Unbewussten der Patientin ist dieses Verbergen jedoch vermutlich nicht entgangen und sie sucht nach Erklärungen dafür.

Hier wiederholt sich die Situation der Urverführung in wenig konstruktiver und potenziell vielleicht auch traumatischer Weise. Das freie Spiel von Anspruch und Antwort, von Verführung und Begehren wird unterbrochen, wenn die Antwort ausbleibt. In diesem Fall können keine neuen Umschriften, keine förderlichen Übersetzungen für die rätselhaften Botschaften entstehen.

Darüber hinaus macht Pfannschmidt auf eine weitere Problematik aufmerksam, die sich nicht aus der Vermeidung, sondern aus dem vorschnellen Thematisieren des Sexuellen ergibt: »Formuliere *ich* statt der Analysandin die sexuelle Wahrnehmung, zum Beispiel: ›Sie spüren doch, dass Sie mich begehren!‹, so *stimuliere* ich einen abgewehrten, unbewussten oder vorbewussten Impuls, statt ihn zu deuten. Eine derartige Intervention hat die Struktur eines inzestuösen Übergriffes und führt normalerweise zur Verstärkung der Abwehr« (Pfannschmidt 2007, S. 14).

Wie in anderen Bereichen, so ist es gerade auch beim Sexuellen angebracht, den Patientinnen und Patienten keine Gefühle zu unterstellen. Weniger problematisch wäre es daher meiner Meinung nach, auf die Abwehr einzugehen, etwa so: »Mir fällt auf, dass Sie gleich auf Ihren Freund zu sprechen kommen. Vielleicht gibt es etwas, was Ihnen unangenehm ist an diesem Traum?«

Auf diese Weise könnte man auch die Dethematisierung aus dem Supervisionsbeispiel ansprechen. In einer der nächsten Stunde würde ich etwa mit der Patientin die gemeinsame Abwehrbewegung im Gefolge der Traumerzählung rekonstruieren. So gebe ich ihr zu erkennen, dass mir ihre Wünsche keine Angst machen, und deren Verkleidung und Verschiebung kann für sie spürbar werden. Die Patientin spürt meine Resonanz, und die Abstinenz bleibt fraglos gewahrt. In einer solchen Sequenz zeigen sich zugleich Erfüllung und Versagung im therapeutischen Übergangs- und Übertragungsraum.

Das Konzept eines erotisch-sexuellen Spielraums, der sich in der Übertragung-Gegenübertragung entfaltet, eröffnet einen

»körperlichen Phantasieraum« (Pfannschmidt), der sich nicht nur auf genitale Sexualität, sondern auf das Sexuelle in einem weiteren Sinne bezieht. So haben Patientinnen und Patienten oft nicht den expliziten Wunsch, konkret mit ihrer Therapeutin oder ihrem Therapeuten »ins Bett zu gehen«. Vielmehr wünschen sie sich eher einen Ort, an dem die Phantasien darüber zur Sprache kommen können, und wie sich dies anfühlen würde. Es geht darum, das Begehren gerade in seiner Unerfüllbarkeit zu spüren und zum Ausdruck zu bringen.

Aus seinen Erfahrungen in der Lehranalyse beschreibt Pfannschmidt Jahrzehnte später den Wunsch nach einem solchen Phantasieraum mit seiner Therapeutin:

> »Was ich *heute* formulieren kann, ist, daß meine damaligen sexuellen Bedürfnisse nicht darin bestanden, mit ihr tatsächlich ins Bett zu gehen oder ein Verhältnis mit ihr anzufangen, sondern ich hätte das Bedürfnis gehabt, mir körperlich phantasieren zu dürfen, sie zu lieben, und zu wissen, daß das sein kann, ohne daß sie mich auslacht, ohne daß sie sich tatsächlich verführen lässt, mit mir zu schlafen, und vor allem ohne daß dadurch die für mich lebenswichtig gewordene Beziehung zu ihr als meiner Analytikerin gefährdet gewesen wäre. Ich hätte spüren mögen, wie es sich anfühlt, mit meinem männlichen Körper den Körper dieser Frau zu lieben, und wie es sich anfühlt, zu merken, daß und wie sie sich davon berühren läßt, daß ihr Körper mir antwortet« (Pfannschmidt 1997, S. 198f.).

In dieser Schilderung wird die Übertragungsliebe eindrucksvoll auf den Punkt gebracht. Es geht um einen Möglichkeitsraum, in dem sich das Begehren entfalten kann, aber keineswegs um die konkrete Befriedigung. Die Realisierung der Übertragungsliebe käme einem realen Inzest gleich (Hirsch 1999) und hätte verheerende Wirkung auf die psychische Struktur des Patienten. Denn die Grenze von Phantasie und Realität wird dadurch eingerissen und der für psychisches Geschehen konstitutive Möglichkeitsraum zerstört. Da die Übertragung nicht aufgelöst werden kann, ist es auch nach Abschluss der Therapie unmöglich, eine Freundschafts-, Kollegialitäts- oder gar Liebesbeziehung zu einem Patienten einzugehen, ohne gravierende Schädigungen zu riskieren (Pfannschmidt 1997, S. 198f.).

Sexuelle Störungen

Während zu Freuds Zeiten Potenzstörungen einer der häufigsten Konsultationsgründe bei PsychoanalytikerInnen waren, ist Sexuelles inzwischen gewöhnlich kaum noch ein Grund, weshalb jemand eine analytisch orientierte Therapie sucht. Patienten und Patientinnen, die unter ihrer Sexualität leiden, wenden sich eher an spezielle SexualtherapeutInnen – zumindest in Gegenden mit einem hinlänglich diversifizierten Therapieangebot. Es ist jedoch kaum anzunehmen, dass die Sexualität von den neurotischen Konflikten, die zu den psychischen Erkrankungen führen, mit denen Patientinnen und Patienten in eine Psychotherapie kommen, unberührt sein könnte.

Aufgrund meiner therapeutischen Erfahrungen und vielfältiger Gespräche mit Kolleginnen und Kollegen möchte ich daher die These aufstellen, dass sich die Sexualität letztlich in keiner Analyse bzw. Psychotherapie als unproblematisch erweist. Dies schließt keineswegs aus, dass die Patientinnen und Patienten ihre Sexualität am Anfang der Therapie als zufriedenstellend empfinden. Der Umgang mit der eigenen Lust und ihrer Abwehr sind oft jahrzehntelang eingeübt worden und erscheinen so vertraut und als selbstverständlicher Teil der Persönlichkeit, dass sie kaum hinterfragt werden.

Erst im Verlauf der Psychotherapie, wenn sich die Abwehr flexibilisiert, beginnen auch die eingefleischten Muster von Lust und Befriedigung problematisch zu werden. So zeigen sich nicht selten Veränderungen im Sexuellen, selbst wenn nicht explizit daran gearbeitet wird: Den Analysandinnen und Analysanden fällt beispielsweise auf, dass sie häufiger Sex haben oder masturbieren oder dass ihre sexuellen Phantasien lebendiger werden.

Was nun als Störung oder Symptom erscheint, unterliegt nicht nur subjektiven Einschätzungen, sondern auch den jeweiligen gesellschaftlichen Vorstellungen und Bewertungen von Sexualität sowie normativen Überzeugungen. In den 1980er und 1990er Jahren ist die Gesundheit zum normativen Maßstab des Sexuellen geworden (Schorsch 1988). Bestimmte sexuelle Aktivitäten werden als gesundheitsförderlich angesehen, wie etwa der heterosexuelle Koitus in stabilen Partnerschaften, insbesondere im Alter, andere gelten in Zeiten von Aids als gefährlich, wie »One-Night-Stands« oder Analverkehr.

Seit einiger Zeit ist nun der »Fun« zum neuen Imperativ des Sexuellen geworden, ein Begriff, der mit Spaß oder Vergnügen keine angemessene Übersetzung erfährt. Wurde die Sexualität unter dem Diktat der Gesundheit bereits auf die Logik eines formal ungestörten Funktionierens reduziert, kommt gegenwärtig hinzu, dass dieses Funktionieren auch Spaß machen muss. Wenn das Vergnügen zur Orientierung und Richtschnur des sexuellen Handelns und Erlebens wird, wenn gut ist, was Spaß macht, gerät auch dieser Imperativ wieder in den Rang normativer Bedeutung. Viagra® steht für diesen normativen Wandel von der Gesundheit zum Spaß: Angestrebt wird nun nicht länger Gesundheit, die sich im ungestörten Funktionieren zeigt, sondern Vergnügen, für welches das ungestörte Funktionieren gegebenenfalls auch medizinisch hergestellt wird.

Die alten Zwänge sind neuen gewichen. Etwaige Risiken und Nebenwirkungen werden in Kauf genommen; nicht zuletzt daran zeigt sich der Unterschied zwischen der gegenwärtigen »Spaßkultur« und der Fitness- bzw. Gesundheitsideologie früherer Jahre. Das (ungestörte) Funktionieren wird zur Voraussetzung des »Fun«.

Das reduktionistische Verständnis der Sexualität als reiner Körper- bzw. Organfunktion, bei der psychische Prozesse wie (unbewusste) Phantasien keine Rolle spielen, lässt sich als konsequente Weiterentwicklung einer Sexualmedizin begreifen, die zunächst von einem umfassenden, psychosomatischen Ansatz ausgegangen war und dann die Tendenz ausbaute, Sexualität als Spezialproblem zu isolieren. Schon der Begriff der »Funktionsstörung« macht das zugrunde liegende mechanistische Verständnis von Sexualität deutlich, das sich am Ideal der Machbarkeit und Herstellbarkeit orientiert. Mit dieser Bezeichnung werden Einschränkungen der Sexualfunktion beider Geschlechter gefasst, die bei Männern weit häufiger diagnostiziert und behandelt werden als bei Frauen. Im Einzelnen handelt es sich um Appetenz-, Erregungs- bzw. Orgasmusstörungen. In solchen Aufstellungen wird bei Frauen zumeist das Erleben fokussiert, während bei Männern die Funktion im Vordergrund steht und das Erleben dahinter zu verschwinden scheint (Lange 1994, S. 54).

Als neue Symptomatik tritt in den letzten Jahren zunehmend »Lustlosigkeit« auf. Besonders anschaulich zeigt sich dies an einer Statistik der Poliklinik/Sexualberatungsstelle der Universität Hamburg: Während in den Jahren 1975–1977 bei lediglich 8 Prozent der Frauen, die in die Ambulanz kamen, Lustlosigkeit diagnostiziert wurde, stieg dieser Anteil im Jahr 1992 auf über 70 Prozent. Parallel dazu ist die Zahl an Orgasmus- und Erregungsstörungen von 80 auf etwa 20 Prozent gesunken. Bei den Männern ist eine Zunahme des Anteils von 4 auf 18 Prozent zu verzeichnen (Schmidt 2001). Wie sich Lustlosigkeit beim Mann äußern kann, möchte ich mit folgender kleinen Fallvignette zeigen:

> Herr W. verspürte wenig Lust auf Sex. Das sei schon immer so gewesen, seine früheren Freundinnen wären zufrieden damit gewesen, weil sie sich nicht durch ihn bedrängt gefühlt hätten, wie dies manchmal bei anderen Männern der Fall gewesen sei. Bei seiner jetzigen Freundin wäre dies allerdings anders, sie fühlte sich zurückgewiesen, wenn er keine Lust hätte, und würde sich für unattraktiv halten. Dabei wäre dies die beste Beziehung, die er jemals gehabt habe, er würde seine Freundin sehr lieben und auch gern mit ihr schlafen.
>
> Wir fanden heraus, dass er sich nach dem Sex oft einsam und leer fühlte. Nach der intensiven Nähe stellte sich plötzlich die Angst ein, seine Frau zu verlieren. Er hätte dann den Wunsch, sie festzuhalten und nie wieder loszulassen. Dabei würde er sich unerträglich klein und abhängig fühlen.
>
> Herr W. erinnerte sich an Szenen, als er ein kleines Kind gewesen war. Seine Mutter sei oft unterwegs gewesen und hätte ihn in dieser Zeit zur Großmutter gebracht. Beim Weggehen habe er sich an sie geklammert und mit allen Mitteln versucht, sie zum Dableiben zu bringen. Es wäre jedoch vergeblich gewesen, er hätte »vernünftig« sein und zur Großmutter gehen müssen. In verschiedensten Situationen in seinem Alltag und im Beruf hatte Herr W. den Eindruck, dass es nichts nütze, wenn er etwas wolle. Er würde es sowieso nicht bekommen.
>
> Nach einer kurzen Pause beklagte er sich über die Therapie, sie würde eigentlich nichts bringen, er überlege, ob er überhaupt noch kommen solle. Ich brachte dies mit meinem bevorstehenden Urlaub in Verbindung. Zuerst wehrte er dies ab, dies sei ihm völlig egal, es mache ihm sowieso keinen Spaß mehr. Doch schließlich wurde ihm

> deutlich, dass er sich mir gegenüber völlig machtlos fühlte. Ich würde Urlaub machen, wann ich wolle, und es wäre mir egal, wenn es ihm dann schlecht ginge.

An diesem kleinen Beispiel wird sichtbar, dass sich im sexuellen Symptom ein grundlegendes Beziehungsmuster manifestiert. Man kann es nicht isoliert betrachten und behandeln, sondern muss es in einen umfassenden Zusammenhang stellen, um dem damit verbundenen Anspruch Raum zu geben. Es lohnt sich therapeutisch immer, hier genauer hinzusehen, weil sich in der Sexualität wie unter einem Brennglas viele problematische Muster der Beziehungsgestaltung sehr deutlich zeigen.

Der Anspruch an den Anderen, der sich im Symptom äußert, aktualisiert sich auch in der Übertragung. Im Fall von Herrn W. kann man ihn pointiert als Wunsch nach lustvoller Nähe und Ungetrenntheit zusammenfassen: »Ich will, dass du dableibst – und mir Lust machst und mich befriedigst.« Die oralen Wünsche nach Nähe und Geborgenheit enthalten nicht nur die Dimension von Bindung, auf die sie oft reduziert werden, sondern entstehen aus Lust- und Befriedigungserfahrungen, die immer wieder aufs Neue gesucht werden. In der Übertragung und im Symptom zeigt sich der lebensgeschichtlich geformte Umgang mit den Befriedigungserfahrungen.

Herr W. suchte sich beispielsweise mit seiner Lustlosigkeit im Bett das Gefühl von Abhängigkeit und Kleinheit zu ersparen, er vermeidet intensive Nähe, da sie unvermeidlich mit einer Trennung einhergeht. Analog begegnet er der bevorstehenden Trennung in der Analyse damit, dass er die Bedeutung der Therapie insgesamt herabsetzt. Seine lebensgeschichtliche Erfahrung bündelt er in der Erinnerung an seine Mutter, die ihn alleingelassen und zur Großmutter abgeschoben habe. Diese Erinnerung scheint gleichsam als Begründung für seine Vermeidung intensiver Nähe zu fungieren. Wir dekonstruierten diesen Zusammenhang im weiteren Verlauf der Therapie, und Herr W. begann allmählich, seine Lust mehr zu spüren, und konnte das Gefühl von Abhängigkeit, mit dem er beim Sex in Berührung kam, zunehmend besser ertragen.

In den 1990er Jahren wurden groß angelegte, repräsentative Umfragen, sogenannte »sex surveys«, in den USA, Großbritannien und Frankreich in der Allgemeinbevölkerung erhoben. Die wohl größte repräsentative Studie stammt aus den USA und kommt zu alarmierenden Zahlen über das Ausmaß sexueller Störungen in der Gesamtbevölkerung (Laumann et al. 1999). So hätte rund ein Drittel der befragten Frauen im Jahr vor der Erhebung über einen Zeitraum von mehreren Monaten kein Interesse an sexuellen Aktivitäten gehabt und ein Viertel Orgasmusstörungen angegeben.

Wenngleich die Studie aus methodischen Gründen zu Recht kritisiert wurde, da nur das Vorhandensein der Störung erfragt wurde und nicht ihre Bedeutung (Bancroft 2003), sind die geschlechtsspezifischen Unterschiede interessant, wonach nur etwa halb so viele Männer wie Frauen Störungen angegeben hatten und auch deutlich mehr Frauen kein Vergnügen beim Sex (21 zu 8 Prozent) sowie mehr Schmerzen beim Geschlechtsverkehr (14 zu 3 Prozent) nannten. Interessant erscheint in diesem Zusammenhang auch der Befund von Silja Matthiesen und Margret Hauch (2004), die in ihrer Studie feststellten, dass über 90 Prozent der Männer und Frauen, die über ein sexuelles Symptom berichten, unter diesem Problem nicht (67 Prozent) oder nur wenig (25 Prozent) leiden.

Einem isolierten Fokus auf sexuelle Symptome möchte ich noch ein paar Bemerkungen zum psychoanalytischen Symptomverständnis anfügen. Fallgeschichten zeigen oft eindrucksvoll, welch komplexe Sinn- und Bedeutungszusammenhänge sich hinter einzelnen Symptomen verbergen. Das gilt insbesondere für sexuelle Symptome, wie Herbert Gschwind (2001) mit seinen vielfältigen, anschaulichen Kasuistiken deutlich macht: So geht es nicht um »die« Impotenz oder Anorgasmie, sondern um die Personen, die darunter leiden. Das Symptom muss somit im Kontext der ganzen Person und ihrer Lebensgeschichte, aber auch im Hinblick auf seine aktuelle Präsentation im Erstgespräch oder in der weiteren therapeutischen Beziehung betrachtet werden.

Nach psychoanalytischem Verständnis kann grundsätzlich jedes Symptom alles bedeuten, es gibt keine spezifische Verknüpfung von Symptom und Bedeutung, keine symptomspezifischen Bedeutungsgehalte. Ein Symptom stellt daher auch kein Symbol dar, das heißt, es steht nicht *für* etwas, sondern erhält seine Bedeutung *als* Ausdrucksform einer psychischen Bearbeitung, als Antwort auf einen Konflikt. Nach Freud (1915d, S. 256f.) stellt das Symptom die Wiederkehr des Verdrängten dar, es fungiert als Kompromissbildung in einem Konflikt und wird als Sexualbetätigung des Patienten bzw. der Patientin verstanden. Auf diese Weise bietet es partiell auch Befriedigung; befriedigt wird jedoch stets nur die eine Seite des Konflikts, der widersprechende Wunsch findet keine Berücksichtigung und wird im Symptom mit aufgenommen.

Auch mit einer »sexuellen Funktionsstörung« wird ein unbewusster Konflikt inszeniert, der verstanden werden muss, damit das Symptom unnötig werden kann. Der unbewusste Konflikt besteht dabei weiter, es finden sich – etwa im Rahmen einer Psychotherapie – lediglich angemessenere, weniger leidvolle Weisen des Umgangs mit ihm. Dieses Symptomverständnis schließt medikamentöse Behandlung keineswegs grundsätzlich aus; sie kann auch neben der Arbeit am unbewussten Konflikt bestehen.

> Von einer 29-jährigen Patientin, Frau P., erfuhr ich erst nach etwa einem halben Jahr, dass sie seit Beginn ihrer fast vierjährigen Ehe unter Vaginismus litt, der den Geschlechtsverkehr unmöglich machte. Frau P. kam wegen ihrer Depression in meine Praxis; sie klagte darüber, dass sie sich nicht durchsetzen und auch mal »nein« sagen könne. Ihre Sexualität hielt sie nicht für ein Problem, über das sie mit mir sprechen wollte.
>
> So berichtete Frau P. auch erst von ihrer Sexualität, als ihr Mann eine Beziehung zu einer Arbeitskollegin begann. Sie erzählte mir, dass sie noch nie lustvoll mit ihrem Mann geschlafen habe. Das wäre ihnen beiden bis dahin allerdings auch kein Problem gewesen, ihr Mann sei beruflich sehr erfolgreich und oft unterwegs, sodass sie wenig Zeit miteinander verbrächten. Wenn ihr Mann zu Hause sei, habe er sich ausruhen wollen. Sie habe in dann bemuttern können. Auch vor ihrer Ehe habe sie nie Lust beim Sex verspürt, sie habe es ein paar Mal mit verschiedenen Männern versucht, aber festgestellt, dass es sie einfach nicht interessieren würde. Der Vaginismus wäre nur beim Sex aufgetreten, es habe ihr keine Schwierigkeiten gemacht, einen Tampon einzuführen. Hin und wieder würde sie sich auch selbst befriedigen, was sie allerdings beschäme, da sie es als kindlich empfinde; es würde sie zu sehr an ihre Adoleszenz erinnern.
>
> Beim Durcharbeiten ihrer Konflikte konnten wir in der therapeutischen Situation erleben, dass sie ihren Aggressionen kaum Ausdruck

verleihen konnte. Sie blieb immer freundlich und zugewandt, selbst wenn sie sich ärgerte. Das zeigte sich in der Übertragung ebenso wie in ihren Konflikten im Alltag und im Berufsleben. Allmählich spürte sie ihre Angst vor der eigenen Wut; sie fürchtete, den anderen mit ihrer Wut zerstören zu können, und setzte alles daran, sie unter Kontrolle zu halten.

In diesem Sinne verstanden wir ihr sexuelles Symptom als eine Kompromissbildung. Die Sexualität machte ihr Angst, unter keinen Umständen dürfe sie die Kontrolle verlieren. Mit dem Vaginismus konnte sie die Kontrolle behalten, sie konnte sich gegen ihren Mann wehren, ohne manifest aggressiv sein zu müssen. Dies ging allerdings auf Kosten ihrer eigenen Lust, die sie kognitiv zu bagatellisieren und zu entwerten suchte.

In der Übertragungsbeziehung verlor ihre Wut an Bedrohlichkeit; Frau P. gelang es zunehmend, sie zu spüren und als Teil ihrer selbst zu akzeptieren. In ihren Konflikten wurde sie auch im Alltagsleben konturierter und lernte sich durchzusetzen. Parallel zu dieser Entwicklung ließ der Vaginismus nach und ihre sexuelle Lust gewann an Bedeutung. Wenngleich ihre Ehe die Außenbeziehung ihres Mannes nicht überstand und sie sich trennten, konnte sie den Sex mit ihrem nächsten Partner erstmals lustvoll und befriedigend erleben.

Mit dieser kurzen Vignette möchte ich zeigen, wie sehr das therapeutische Vorgehen von den zugrunde liegenden Theorien der AnalytikerIn bzw. der TherapeutIn beeinflusst ist. Das jeweilige Verständnis von Sexualität und die Geschlechterkonzeptionen bestimmen die Art und Weise der Deutung bzw. der Intervention. So schlagen etwa Margret Hauch (1994) und Carmen Lange (1994) in vergleichbaren Fällen vor, die Frau zu ermutigen, ihrem Partner Grenzen zu setzen. Damit neigen sie allerdings dazu, zum einen Aggression und Kontrolle entlang der Geschlechterrollen aufzuteilen, und unterstützen – zumindest implizit – die gängige Geschlechterordnung (Düring 2001). Zum anderen verstärken sie mit ihrer Intervention den Kontrollwunsch der Patientin, das heißt genau jene konflikthafte Seite, die der Lust entgegensteht. Mit meinem Vorgehen wähle ich den entgegengesetzten Weg und unterstütze die Patientin darin, ihren aggressiven, (grenz)überschreitenden Wünschen Ausdruck zu verleihen. Das ist aber nur möglich, wenn man zugleich ihren Wunsch nach Kontrolle thematisiert und daran arbeitet, ihn zu mildern.

An diesem Beispiel zeigt sich, wie wichtig es ist, den gesamten (Autonomie-)Konflikt von Aggression und Kontrolle in den Blick zu nehmen und deutlich zu machen, dass beide Pole in jeder Person anzusiedeln sind, statt sie auf die beiden Partner einer Beziehung zu verteilen. Nur so werden der Patientin ihre eigenen widersprüchlichen Wünsche spürbar und sie kann sie bearbeiten.

Fokussiert man den psychischen Konflikt, der dem sexuellen Symptom zugrunde liegt, kann man auch verstehen, weshalb die üblicherweise in der organmedizinischen Therapie von Vaginismus angewandte körperliche Intervention, eine schrittweise mechanische Dehnung der Vagina, nicht nur selten erfolgreich, sondern häufig auch kontraindiziert ist. Denn mit diesem mechanistischen Verfahren überwältigt man gleichsam die Abwehr der Patientin und kann frühe oder traumatische Erfahrungen wiederbeleben.

Wenngleich die Zuordnung psychodynamischer Konflikte zu bestimmten Symptomen nicht üblich ist, da im Prinzip jedes Symptom bei allen Konflikten vorkommen kann, legte Paul L. Janssen (1986) eine oft zitierte Klassifikation im Bereich sexueller Störungen vor, die er an einer Patientengruppe von 74 Männern mit Potenzstörungen entwickelte. Dabei fand er auch Zusammenhänge zwischen Symptomatik, Konflikt und Alter der Patienten. Bei jüngeren Männern mit primären Erektionsstörungen (definiert als Störungen, die im Alter bis zu dreißig Jahren auftreten) sowie Ejaculatio praecox erwiesen sich aktualisierte ödipale Konfliktkonstellationen als zentrale pathogene Psychodynamik, bei älteren Männern (über dreißig Jahre) seien sogenannte sekundäre Erektionsstörungen häufig mit »organisierten« zwangsneurotischen, depressiven oder narzisstischen Persönlichkeitsstörungen sowie mit Partnerschaftskonflikten (insbesondere auf depressivem Niveau) zu finden.

Uwe Hartmann (1998) betont hingegen die besondere Bedeutung der Kastrationsangst und sieht die Wurzeln von Erektionsstörungen in instabiler, gefährdeter männlicher Identität und in zunehmender männlicher Verletzbarkeit sowie in Versuchen, die aggressiven Anteile des Sexuellen abzuspalten. In unterdrückter Aggression sehen auch Eberhard Schorsch (1985) und Stephen

A. Mitchell (2004) wesentliche Gründe für eine beeinträchtigte männliche Sexualität. Doch folgt die gängige Fokussierung der (gestörten) Aggression zur Erklärung von Sexualstörungen beim Mann einer phallozentrischen Sichtweise, die männliche Sexualität als »aggressiv«, als angelegt auf Aktivität, Härte und Angriffsfreude begreift.

Demgegenüber möchte ich vorschlagen, als Ursache dieser Störungen nicht eine gehemmte Aggression und »Aktivität«, sondern vielmehr eine gehemmte Rezeptivität und »Passivität« anzunehmen. Nicht nur die Unterdrückung von Aggression, sondern wahrscheinlich ebenso die Unterdrückung passiver, rezeptiver Wünsche führt zu Beeinträchtigungen des Sexuallebens des Mannes – allerdings sind Letztere im Konzept männlicher (Hetero-)Sexualität auch kaum vorgesehen. Was diese Sichtweise stützt, ist die klinische Beobachtung, dass es oft gerade nicht *aggressions*gehemmte Männer sind, die unter sexuellen Störungen leiden, sondern jene, die meinen, besonders hart, aktiv und durchsetzungsfähig sein zu müssen, um als männlich zu gelten. In diesen Fällen scheinen eher die rezeptiven Strebungen gehemmt zu sein.

Den Störungen liegt somit eine mangelnde Integration der inneren und äußeren Genitalität (vgl. Kestenberg 1968) zugrunde. Der Fokus auf die Aggressivität hingegen reduziert männliche Sexualität auf die äußere Genitalität, insbesondere die Phallizität.

> Herr E. war Mitte dreißig, als er die Analyse aufnahm. Er arbeitete seit etwa zehn Jahren erfolgreich als Anwalt und war viel unterwegs. Im Erstgespräch trat er gewandt und selbstbewusst auf; er bestimmte das Gespräch mit vielen Fragen und schien es gewohnt, sich durchzusetzen. Sein Hausarzt habe ihm zu einer Psychotherapie geraten, als ihn vor einiger Zeit grundlos Ängste überfielen. Vor allem das Fliegen sei ihm unmöglich geworden. Da er beruflich darauf angewiesen wäre, würde er Tranquilizer nehmen, fürchte aber, davon abhängig zu werden. Nun wollte er es mit einer Kurzzeittherapie versuchen, einmal in der Woche, mehr Zeit hätte er nicht.
>
> Ich ließ mich auf seine Bedingungen ein und wir vereinbarten ein 25-Stunden-Setting. Doch machte ich ihm deutlich, dass ich nicht die Hoffnung hätte, angesichts der geschilderten Problematik in so kurzer Zeit zu einem zufriedenstellenden Ergebnis zu kommen, und

formulierte meinen Eindruck, dass sich seine Angst vor Abhängigkeit auch auf die Therapie selbst auszudehnen scheine und er vermutlich deshalb eine erfolgversprechendere Langzeittherapie ablehne. (Jahre später vertraute er mir an, dass er sich damals gedacht habe, ich hätte ihn nur als gutverdienenden Patienten halten wollen, und wäre misstrauisch-wachsam gewesen.) Entsprechend konflikthaft gestaltete sich die erste Zeit der Therapie, oft fühlte ich mich zum Kampf herausgefordert, und nicht selten war ich unterlegen. Während das Kämpfen am Anfang durchaus lustvoll war, erlahmte mein Interesse allmählich.

Nachdem Herr E. Vertrauen in mich gefasst und sich doch zu einer Langzeittherapie entschlossen hatte, begann er, von seinen sexuellen Schwierigkeiten zu sprechen, die ihm äußerst peinlich und überhaupt nicht mit seinem Selbstbild vereinbar waren: »Das passt einfach nicht zu mir.« Fast parallel zu seinem beruflichen Erfolg hätte seine Potenz abgenommen, er könne kaum noch eine Erektion über einen längeren Zeitraum halten und würde daher heimlich Viagra nehmen. Davon dürfe seine Freundin, mit der er seit Jahren in einer festen Partnerschaft lebte, aber nichts wissen. Während er sie am Anfang sehr attraktiv und sexy gefunden hatte, hätte dies inzwischen deutlich nachgelassen.

Es scheint, als würde Herr E. seine Abhängigkeitswünsche auf seine Freundin projizieren und dort bekämpfen: Seine Freundin erscheint ihm kaum noch attraktiv, weil sie so abhängig sei und eigentlich am liebsten von ihm versorgt werden wolle. Solche Versorgungswünsche erscheinen ihm kindlich, vielleicht für eine Frau akzeptabel, aber nicht vereinbar mit seinem Selbstverständnis als Mann. Während er auch in der Therapie gegen seine Abhängigkeit kämpft und sich etwa versichern muss, dass er jederzeit gehen könne, beginne ich in meiner Gegenübertragung allmählich auch die andere Seite zu spüren: So fällt mir auf, dass ich ab und zu damit beschäftigt bin, mir Gedanken über seine Ernährung und seine Gesundheit zu machen, und dabei eine mütterlich-versorgende Rolle einnehme.

Solche Gedanken treten etwa auf, wenn er über seinen Sport spricht, der ihm sehr wichtig ist, um »in Form zu bleiben«. Mit seiner Gesundheit ist er hingegen weniger beschäftigt, dies hat er offenbar unbewusst an mich delegiert. Zu seinem Körper hat er im Wesentlichen ein instrumentelles Verhältnis, das zeigt sich nicht nur beim Sport, sondern auch beim Sex – und so wirkt er geradezu fixiert auf seine Erektion und seinen Penis, als müsse er damit seine Männlichkeit bestätigen.

Die Erektionsstörungen treten nur beim Sex mit seiner Freundin auf, beim Masturbieren hätte er keinerlei Probleme. Als zentrale Phantasie malte er sich Sexpartys mit unbekannten Männern und Frauen aus, die mit ihm machen könnten, was sie wollten. So würde er auf alle möglichen Weisen penetriert, was für ihn äußerst lustvoll wäre, auch wenn er das in der Realität keinesfalls wollte. Analverkehr sei für ihn der »Inbegriff des Schwulen«, das ginge gar nicht. Wenn er beim Sex mit seiner Freundin daran denken würde und ihm diese Bilder in den Kopf kämen, ließe seine Erektion sofort nach.

An diesem Fallbeispiel wird deutlich, dass das sexuelle Symptom keine »Störung« darstellt, sondern einen unbewussten Konflikt inszeniert und das psychische Gleichgewicht herstellt. Herr E. behandelt seine instabilen Erektionen heimlich selbst, um sich nicht versorgen lassen zu müssen, und macht sich mit dem Symptom sogar noch unabhängig von der Frau, indem er sich nicht von ihr erregen lässt, sondern die Erektion autonom mit Viagra herstellt. Psychodynamisch betrachtet wird mithilfe der Medikation der Autonomiepol im Abhängigkeitskonflikt weiter verstärkt und die Besetzung der Abhängigkeits- und Versorgungswünsche noch erschwert. Die Medikation zementiert geradezu die bestehenden Konfliktstrukturen. Sie verhindert eine Flexibilisierung der Abwehr und eine Erweiterung der Lust- und Befriedigungsmodalitäten, wie sie mit einer Psychotherapie angestrebt werden.

Erst allmählich wird es den Patientinnen und Patienten im Verlauf von Psychotherapien spürbarer, welche Einschränkung mit ihrer Sichtweise verbunden ist. Als Herr E. die Erfahrung machte, dass er seine rezeptiven Wünsche zulassen könne – zunächst in seinen Assoziationen in der analytischen Situation, dann auch beim Sex mit seiner Freundin –, ohne dass dadurch seine sexuelle Orientierung oder seine männliche Identität infrage gestellt werde, wurden seine Erektionen stabiler. Die Verbindung der inneren und äußeren Genitalien hat auch Auswirkungen auf die Körperwahrnehmung – so hörte er etwa auf, sich täglich im Sportstudio zu quälen und begann, lustvoller Sport zu betreiben. Schließlich stellt diese Integration eine wichtige Voraussetzung für männliche Generativität dar – im Verlauf der Analyse wurde etwa der Wunsch nach einem Kind konturierter, den Herr E. bis dahin nur seiner Freundin zugeschrieben hatte.

Die analytische Arbeit an der Integration seiner inneren und äußeren Genitalität wirkte sich also in verschiedenen Bereichen aus: Nur auf den ersten Blick paradox lässt sich sagen, dass seine Männlichkeit umso stabiler wurde, je mehr er seine »weiblichen« Anteile akzeptierte. Im Unterschied zur gängigen Vorstellung, dass Erektionsstörungen auf einem Mangel an Phallizität und gehemmter Aggression beruhen, zeigt die Fallgeschichte, dass es im Gegenteil um die Integration der als bedrohlich erlebten und projizierten »weiblichen« Anteile geht, die aus dem traditionellen männlichen Selbstverständnis ausgegrenzt werden. Dies bezieht sich nicht nur auf die oralen Abhängigkeits- und Versorgungswünsche, sondern auch auf die passiv-phallischen Wünsche, die als »unmännlich« gelten.

Als Kind seiner Zeit vertritt schon Freud (1937c) die Überzeugung, dass die Abwehr der Passivität beim Mann eine nicht weiter analytisch zu bearbeitende biologische Tatsache darstelle. Dies ging in den Mainstream psychoanalytischer Theoriebildung ein und wird bis heute kaum infrage gestellt. Doch führt die Ausblendung der inneren Genitalität des Mannes dazu, dass die männliche Sexualität um ihre rezeptive und produktive Seite reduziert und damit gleichsam halbiert wird.

Sexualität als Seismograph – Schlussbemerkung

Während vielfach beklagt wird, dass sich das Sexuelle aus dem psychoanalytischen Diskurs verflüchtigt hat, möchte ich dagegenhalten, dass dieser Befund näherer Betrachtung nicht standhält. An der Präsenz des Sexuellen kann kein Zweifel bestehen, problematisch ist nur, dass es nicht (mehr) als solches thematisiert wird. Dies hat gravierende Folgen für die psychoanalytische Theoriebildung ebenso wie für die therapeutische Praxis. Denn die Dethematisierung bedeutet ja nicht, dass das Sexuelle aus der analytischen Situation verschwunden wäre, es wird nur weniger konzeptionell fassbar und damit weniger bearbeitbar.

Wie keine andere Therapieform ermöglicht es die Analyse oder die analytisch orientierte Therapie, das unmittelbare Geschehen zwischen TherapeutIn und PatientIn in den Blick zu nehmen. In Übertragung und Gegenübertragung inszenieren sich die grundlegenden Konflikt- und Abwehrstrukturen auf unmittelbar leibliche Art und Weise. Wenngleich die Analyse als »Redekur« erfolgt, sprechen doch nicht nur zwei *Stimmen* miteinander, sondern beide Beteiligten erfahren sich auf einer sinnlich-körperlichen Ebene. Jean Laplanche spricht davon, dass der Analytiker oder die Analytikerin die Übertragung provoziert, Michel de M'Uzan von der analytischen Situation als »erogener Zone«.

Hier wiederholt sich strukturell die grundlegende Verführungssituation, die das Begehren des Analysanden weckt. Wie ein Seismograph dazu dient, Bewegungen in Tiefenschichten sichtbar zu machen, zeigen sich in der Übertragung der Umgang mit dem sexuellen Begehren und die damit verbundenen Konflikte. Die Liebesregungen machen oft Angst und werden abgewehrt. Wiederholt sich diese Abwehr nun auch in der Psychotherapie, indem der Therapeut oder die Therapeutin angstvoll davor zurückweicht oder sie stillschweigend übergeht, wird dem Patienten damit unvermeidlich signalisiert, dass seine Liebeswünsche problematisch sind. Doch werden oft nicht nur die Liebeswünsche des Patienten oder der Patientin abgewehrt, sondern auch das eigene Sexuelle, die eigenen sexuellen Wünsche und Ängste, die in der Begegnung mit den PatientInnen entstehen. Das Bewusstwerden der eigenen sexuellen Responsibilität (Ansprechbarkeit) und Verführbarkeit mag vielleicht zunächst Scham- und Schuldgefühle aufseiten des Therapeuten auslösen sowie die Befürchtung, die Abstinenz nicht genügend gewahrt zu haben. Diesen Bedenken möchte ich damit begegnen, dass vielmehr gerade umgekehrt eine solch umfassende Selbstwahrnehmung und Responsibilität ein zentrales Kriterium psychotherapeutischer Kompetenz darstellt, das Grenzen wahrt und vor Abstinenzverletzungen schützt.

Seit jeher zielt die Analyse darauf, »verdrängte Liebe zu befreien« (Freud), und das heißt Lust- und Befriedigungsmodalitäten verfügbar zu machen, die bislang zu viel Angst machten und abgewehrt wurden. Das geschieht in einem erotischen Übergangsraum, indem die Möglichkeiten des Begehrens sorgsam ausgelotet und gehalten werden. Zentral ist dabei die Möglichkeit des Begehrens, keineswegs jedoch seine Realisierung, die diesen konstitutiven Raum zerstören würde und nur jenseits dieser Beziehung gelebt werden kann.

Die Analyse der Sexualität ist von großer Bedeutung für den therapeutischen Erfolg, da sie latente psychische und psychosoziale Konfliktstrukturen – einem Seismographen vergleichbar – anzeigt und sichtbar macht. Im Bereich des Sexuellen sind sie unterschiedlichster Art: Sie beziehen sich auf die Geschlechterspannung ebenso wie auf die polare Organisation der Lust- und Befriedigungsmodalitäten, die Freud als »Partialtriebe« bezeichnete.

Insbesondere in der Sexualität zeigt sich die Befürchtung vieler Patientinnen und Patienten, kein »richtiger« Mann bzw. keine »richtige« Frau zu sein. Traditionelle Geschlechterkonzepte und geschlechtsspezifische Erwartungen schränken das sexuelle Erleben und die Befriedigungsmöglichkeiten ein. Die psychoanalytische Theorie bietet eine Möglichkeit, die dichotome

Abgrenzung des Weiblichen und Männlichen zu bearbeiten und die Identitätskonstruktionen flexibler werden zu lassen, indem männliche und weibliche Anteile nebeneinander angesiedelt und integriert werden. Wie ich mit den beiden letzten Fallgeschichten zu zeigen suchte, können die dichotomen Geschlechterkonzepte in der therapeutischen Praxis überwunden werden, um die Vielfalt der Lust- und Befriedigungsmöglichkeiten zu eröffnen.

Literatur

Abraham, K. (1924): Beiträge der Oralerotik zur Charakterbildung. In: ders. (1999): Psychoanalytische Studien. Bd. 1. Gießen (Psychosozial-Verlag), S. 205–217.

Abraham, N. & Torok, M. (1979): Kryptonymie. Das Verbarium des Wolfsmanns. Frankfurt/M. u.a. (Ullstein).

Andreas-Salomé, L. (1916): »Anal« und »Sexual«. Imago 4, 249–273.

Balint, M. (1964): Der Arzt, sein Patient und die Krankheit. Stuttgart (Klett-Cotta) 1980.

Bancroft, J. (Hg.) (2003): Sexual development in childhood. Bloomington (Indiana University Press).

Bassin, D. (1992): Jenseits von ER und SIE: Unterwegs zu einer Versöhnung von Männlichkeit und Weiblichkeit in der postödipalen weiblichen Psyche. In: Benjamin, J. (Hg.): Unbestimmte Grenzen. Beiträge zur Psychoanalyse der Geschlechter, Frankfurt am/M. (Fischer) 1995, S. 93–125.

Becker, S. (2005): Weibliche und männliche Sexualität. In: Quindeau, I. & Sigusch, V. (Hg.): Freud und das Sexuelle. Neue psychoanalytische und sexualwissenschaftliche Perspektiven. Frankfurt/M. (Campus), S. 63–79.

Benjamin, J. (1992): Die Entfremdung des Verlangens: Der Masochismus der Frauen und die ideale Liebe. In: Alpert, J. (Hg.): Psychoanalyse der Frau jenseits von Freud. Berlin (Springer), S. 123–149.

Benjamin, J. (1993): Phantasie und Geschlecht. Psychoanalytische Studien über Idealisierung, Anerkennung und Differenz. Frankfurt/M. (Fischer) 1996.

Bieber, I.; Dain, H. J.; Dince, P. R.; Drellich, M. G.; Grand, H. G.; Gundlach, R. R.; Kremer, M. W.; Rifkin, A. H.; Wilbur, C. B. & Bieber, T. B. (1962): Homosexuality: A psychoanalytic study of male homosexuals. New York (Basic Books).

Berner, W. (2011): Perversion. Gießen (Psychosozial-Verlag).

Blos, P. (1941): The adolescent personality. New York (Appleton-Century-Crofts).

Blos, P. (1962): Adoleszenz. Eine psychoanalytische Interpretation. Stuttgart (Klett-Cotta) 1978.

Butler, J. (1991): Das Unbehagen der Geschlechter. Frankfurt/M. (Suhrkamp).

Butler, J. (1995): Körper von Gewicht. Die diskursiven Grenzen des Geschlechts. Berlin (Berlin Verlag).

Chodorow, N. (1978): Das Erbe der Mütter. Psychoanalyse und Soziologie der Geschlechter. München (Frauenoffensive) 1985.

Clement, U. (2004): Systemische Sexualtherapie. Stuttgart (Klett-Cotta).

Clower, V. L. (1980): Masturbation in women. In: Kirkpatrick, M.-A. (Hg.): Women's sexual experience. New York (Plenum), S. 147–166.

Dannecker, M. (1993): Sigmund Freud über Inversion und Homosexualität. In: Lautmann, R. (Hg.): Homosexualität. Handbuch der Theorie- und Forschungsgeschichte. Frankfurt/M. (Campus), S. 159–167.

Deutsch, H. (1944): Die Psychologie der Frau. Bern (Huber) 1948.

Deutscher Ethikrat (2012): Intersexualität. Stellungnahme.

Dornes, M. (1993): Der kompetente Säugling. Frankfurt am Main (Fischer).

Dornes, M. (2005): Infantile Sexualität und Säuglingsforschung. In: Quindeau, I. & Sigusch, V. (Hg.): Freud und das Sexuelle. Neue psychoanalytische und sexualwissenschaftliche Perspektiven. Frankfurt am Main (Campus), S. 112–134.

Düring, S. (2001): Probleme der weiblichen sexuellen Entwicklung. In: Sigusch, V. (Hg.): Sexuelle Störungen und ihre Behandlung. Stuttgart/New York (Thieme), S. 53–66.

Eissler, K. (1958): Bemerkungen zur Technik der psychoanalytischen Behandlung Pubertierender nebst einigen Problemen der Perversion. Psyche 20, 1966, 837–872.

Fenichel, O. (1935): Schautrieb und Identifizierung. Internationale Zeitschrift für Psychoanalyse 21, 561–583.

Fenichel, O. (1974): Psychoanalytische Neurosenlehre. Bd. 1. Gießen (Psychosozial-Verlag) 1997.

Ferenczi, S. (1914): Zur Ontogenese des Geldinteresses. Internationale Zeitschrift für Psychoanalyse II, 506–513.

Ferenczi, S. (1933): Sprachverwirrung zwischen den Erwachsenen und dem Kind. In: ders.: Schriften zur Psychoanalyse. Bd. II. Frankfurt/M. (Fischer) 1972, S. 303–316.

Freud, S. (1895d): Zur Psychotherapie der Hysterie. In: GW I. Frankfurt/M. (Fischer).

Freud, S. (1896c): Zur Ätiologie der Hysterie. In: GW I. Frankfurt/M. (Fischer).

Freud, S. (1900a): Die Traumdeutung. In: GW II/III. Frankfurt/M. (Fischer).

Freud, S. (1905d): Drei Abhandlungen zur Sexualtheorie. In: GW V. Frankfurt/M. (Fischer).

Freud, S. (1907a): Der Wahn und die Träume in W. Jensens »Gradiva«. In: GW VII. Frankfurt/M. (Fischer).

Freud, S. (1908b): Charakter und Analerotik. In: GW VII. Frankfurt/M. (Fischer).

Freud, S. (1908e): Der Dichter und das Phantasieren. In: GW VII. Frankfurt/M. (Fischer).

Freud, S. (1910c): Eine Kindheitserinnerung des Leonardo da Vinci. In: GW VIII. Frankfurt/M. (Fischer).

Freud, S. (1912b): Zur Dynamik der Übertragung. In: GW VIII. Frankfurt/M. (Fischer).

Freud, S. (1912d): Über die allgemeinste Erniedrigung des Liebeslebens. In: GW XIII. Frankfurt/M. (Fischer).

Freud, S. (1915a): Bemerkungen über die Übertragungsliebe. In: GW X. Frankfurt/M. (Fischer).

Freud, S. (1915c): Triebe und Triebschicksale. In: GW X. Frankfurt/M. (Fischer).

Freud, S. (1915d): Die Verdrängung. In: GW X. Frankfurt/M. (Fischer).

Freud, S. (1916–17): Vorlesungen zur Einführung in die Psychoanalyse. In: GW XII. Frankfurt/M. (Fischer).

Freud, S. (1923b): Das Ich und das Es. In: GW XIII. Frankfurt/M. (Fischer).

Freud, S. (1923e): Die infantile Genitalorganisation. In: GW XIII. Frankfurt/M. (Fischer).

Freud, S. (1924d): Der Untergang des Ödipuskomplexes. In: GW XIII. Frankfurt/M. (Fischer).

Freud, S. (1933a): Neue Folge der Vorlesungen zur Einführung in die Psychoanalyse. In: GW XV. Frankfurt/M. (Fischer).

Freud, S. (1937c): Die endliche und die unendliche Analyse. GW XVI. Frankfurt/M. (Fischer).

Freud, S. & Jung, C. G. (1984): Briefwechsel. Hg. von William McGuire und Wolfgang Sauerländer. Frankfurt/M. (Fischer).

Friedman, R. M. (1986): Zur historischen und theoretischen Kritik am psychoanalytischen Modell der Homosexualität. In: Friedman, R. M. & Lerner, L. (Hg.): Zur Psychoanalyse des Mannes. Berlin u.a. (Springer) 1991, S. 73–113.

Galenson, E. & Roiphe, H. (1977): Some suggested revisions concerning early female development. Journal of the the American Psychoanalytical Association 25, Suppl. 76, 29–57.

Grunert, J. (1989): Intimität und Abstinenz in der psychoanalytischen Allianz. Jahrbuch der Psychoanalyse 25, 203–235.

Gschwind, H. (2001): Das sexuelle Symptom in der Sprechstunde. In: Sigusch, V. (Hg.): Sexuelle Störungen und ihre Behandlung. Stuttgart (Thieme).

Hartmann, U. (1998): Männer als Patienten in der Sexualtherapie. Sexuologie 5, 1–10.

Hauch, M. (1994): Gewalt in der Liebe. Erfahrungen mit geschlechtsspezifischer Akzentuierung von Gewaltstrukturen in der Beratung und Behandlung heterosexueller Paare. Zeitschrift für Sexualforschung 7, 131–141.

Heimann, P. (1950): On countertransference. International Journal of Psycho-Analysis 31, 81–84; [dt.] dies.: Bemerkungen zur Gegenübertragung. Psyche 37, 1960, 828–840.

Hirsch, M. (1999): Realer Inzest. Psychodynamik des sexuellen Mißbrauchs in der Familie. Gießen (Psychosozial-Verlag).

Horney, K. (1933): Die Verleugnung der Vagina. Internationale Zeitschrift für Psychoanalyse 19, 372–384.

Isay, R. A. (1989): Schwul sein: die Entwicklung des Homosexuellen. München (Piper) 1990.

Janssen, P. L. (1986): Zur Differenzierung und Spezifität der Psychodynamik funktioneller Sexualstörungen bei Männern. Zeitschrift für Psychosomatische Medizin 32, 27–43.

Kaplan, L. (1984): Abschied von der Kindheit. Eine Studie über die Adoleszenz. Stuttgart (Klett-Cotta) 1988.

Kernberg, O. F. (1994): Das sexuelle Paar: Eine psychoanalytische Untersuchung. Psyche 48, 866–885.
Kernberg, O. F. (1995): Liebesbeziehungen. Normalität und Pathologie. Stuttgart (Klett-Cotta) 1998.
Kestenberg, J. (1968): Innen und außen – männlich und weiblich. Jahrbuch der Psychoanalyse 31, 1993, 151–188 (Teil I); 32, 1994, 40–73 (Teil II).
King, V. (1995): Die Urszene der Psychoanalyse. Adoleszenz und Geschlechterspannung im Fall Dora. Stuttgart (Internationale Psychoanalyse).
Klein, M. (1962): Das Seelenleben des Kindes und andere Beiträge zur Psychoanalyse. Stuttgart (Klett-Cotta).
Koellreuter, A. (2000): Das Tabu des Begehrens. Gießen (Psychosozial-Verlag).
Koellreuter, A. (Hg.) (2009): »Wie benimmt sich der Prof. Freud eigentlich?« Ein neu entdecktes Tagebuch von 1921 historisch und analytisch kommentiert. Gießen (Psychosozial-Verlag).
Krutzenbichler, H. S. & Essers, H. (2010): Übertragungsliebe. Psychoanalytische Erkundungen zu einem brisanten Phänomen. Gießen (Psychosozial-Verlag).
Küchenhoff, J. (2012): Körper und Sprache. Theoretische und klinische Beiträge zu einem intersubjektiven Verständnis des Körpererlebens. Gießen (Psychosozial-Verlag).
Lange, C. (1994): Das Gleiche ist nicht dasselbe. Subversive Elemente des Paartherapie-Settings im Hinblick auf das Geschlechterverhältnis am Beispiel »Lustlosigkeit«. Zeitschrift für Sexualforschung 7, 52–61.
Laplanche, J. (1988): Die allgemeine Verführungstheorie und andere Aufsätze. Tübingen (edition diskord).
Laplanche, Jean (2011): Neue Grundlagen für die Psychoanalyse. Die Urverführung. Gießen (Psychosozial-Verlag).
Laplanche, J. & Pontalis, J.-B. (1972): Das Vokabular der Psychoanalyse. Frankfurt/M. (Suhrkamp).
Laufer, M. (1976): Zentrale Onaniephantasie, definitive Sexualorganisation und Adoleszenz. Psyche 34, 1980, 365–384.
Laufer, M. & Laufer, M. E. (1984): Adoleszenz und Entwicklungskrise. Stuttgart (Klett-Cotta) 1989.
Laumann, E. O.; Paik, A. & Rosen, R. C. (1999): Sexual dysfunction in the United States: prevalence and predictors. Journal of the American Medical Association 281, 537–544.
Lewes, K. (1988): The psychoanalytic theory of male homosexuality. New York (Simon & Schuster).
Lewin, B. (1939): Some Observations on Knowledge, Belief and the Impulse to Know. International Journal of Psychoanalysis 20, 426–431.
Mann, D. (1999): Psychotherapie. Eine erotische Beziehung. Stuttgart (Klett-Cotta).
Masson, J. M. (Hg.) (1986): S. Freud – Briefe an Wilhelm Fließ. Frankfurt/M. (Fischer).
Masters, W. & Johnson, V. (1967): Die sexuelle Reaktion. Frankfurt/M. (Akademische Verlagsgesellschaft).

Matthiesen, S. & Hauch, M. (2004): Verschwinden der Geschlechtsunterschiede? Auflösung, Umkehr oder Kontinuität traditioneller Geschlechtsunterschiede im sexuellen Verhalten. Eine empirische Studie an drei Generationen. Verhaltenstherapie & psychosoziale Praxis 36, 273–280.

Mertens, W. (1998): Trieb. In: Ritter, J. & Gründer, K. (Hg.): Historisches Wörterbuch der Philosophie. Bd. 10. Darmstadt (Wissenschaftliche Buchgesellschaft), S. 1488–1492.

Meystre-Agustoni, G.; Jeannin, A.; Heller, K. de; Pécoud, A.; Bodenmann, P. & Dubois-Arber, F. (2011): Talking about sexuality with the physician: are patients receiving what they wish?. Swiss Medical Weekly 141, w13178.

Mitchell, S. A. (2004): Kann denn Liebe ewig sein? Psychoanalytische Erkundungen über Liebe, Begehren und Beständigkeit. Gießen (Psychosozial-Verlag).

Moll, A. (1909): Das Sexualleben des Kindes. Berlin (Walther).

Money, J. (1988): Homosexuell, bisexuell, heterosexuell. Zum psychoendokrinologischen Forschungsstand. Zeitschrift für Sexualforschung 1, 23–131.

Morgenthaler, F. (1984): Homosexualität, Heterosexualität, Perversion. Frankfurt/M. (Fischer).

Mulvey, L. (1989): Visual and other pleasures. Bloomington (Indiana University Press).

M'Uzan, M. de (2006): Die Analysestunde – eine erogene Zone? Zeitschrift für psychoanalytische Theorie und Praxis 21, 186–196.

Oerter, R. & Montada, L. (1982): Entwicklungspsychologie. Ein Lehrbuch. München (Schwarzenberg).

Otscheret, L. (2004): Die Bedeutung von Erotik und Sexuellem in der psychoanalytischen Praxis. In: Braun, C. & Otscheret, L. (Hg.): Sexualitäten in der Psychoanalyse. Frankfurt/M. (Brandes & Apsel), S. 63–84.

Passett, P. (2005): Ein psychoanalytisches Wiederlesen der »Drei Abhandlungen«. In: Quindeau, I. & Sigusch, V. (Hg.): Freud und das Sexuelle. Psychoanalytische und sexualwissenschaftliche Perspektiven. Frankfurt/M. (Campus), S. 36–59.

Pfannschmidt, H. (1997): Der Körper der Übertragungsliebe. In: Höhfeld, K. & Schlösser, A.-M. (Hg.): Psychoanalyse der Liebe. Gießen (Psychosozial-Verlag).

Pfannschmidt, H. (2007): Die Leidenschaft des Psychoanalytikers. URL: www.pfannschmidt.info/Leidensch.d.Ps.Nbg.pdf (Stand: Februar/2013).

Pines, D. (1993): Der weibliche Körper. Eine psychoanalytische Perspektive. Stuttgart (Klett-Cotta) 1997.

Poluda-Korte, E. (1986): Identität im Fluß. Zur Psychoanalyse weiblicher Adoleszenz im Spiegel des Menstruationserlebens. In: Flaake, K. & King, V. (Hg.): Weibliche Adoleszenz. Zur Sozialisation junger Frauen. Frankfurt am Main (Campus), S. 147–165.

Poluda-Korte, E. (1993): Der »lesbische Komplex«. Das homosexuelle Tabu und die Weiblichkeit: In: Alves, E.-M. (Hg.): Stumme Liebe. Der »lesbische Komplex« in der Psychoanalyse. Freiburg (Kore), S. 73–132.

Poluda-Korte, E. (2001): Probleme der weiblichen homosexuellen Orientierung. In: Sigusch, V. (Hg.): Sexuelle Störungen und ihre Behandlung. Stuttgart (Thieme), S. 79–101.

Quindeau, I. (2004): Spur und Umschrift. Die konstitutive Bedeutung von Erinnerung in der Psychoanalyse. Paderborn/München (Fink).

Quindeau, I. (2008): Verführung und Begehren. Die psychoanalytische Sexualtheorie nach Freud. Stuttgart (Klett-Cotta).

Quindeau, I. & Sigusch, V. (Hg.) (2005): Freud und das Sexuelle. Neue psychoanalytische und sexualwissenschaftliche Perspektiven. Frankfurt/M. u.a. (Campus).

Rauchfleisch, U. (1994): Die Diskriminierung Homosexueller durch die Psychoanalyse. Zeitschrift für Sexualforschung 7, 217–230.

Rauchfleisch, Udo (2002). Hetero-, Homo-, Bisexualität. In: Mertens, W. et al. (Hg.): Handbuch der psychoanalytischen Grundbegriffe. Stuttgart (Kohlhammer), S. 280–287.

Reiche, R. (1990): Geschlechterspannung. Frankfurt/M. (Fischer).

Reiche, R. (2001): Der gewöhnliche Weg zur Homosexualität beim Mann. In: Bohleber, W. & Drews, S. (Hg.): Die Gegenwart der Psychoanalyse – die Psychoanalyse der Gegenwart. Stuttgart (Klett-Cotta), S. 288–303.

Reiche, R. (2004): Triebschicksal der Gesellschaft. Über den Strukturwandel der Psyche. Frankfurt am Main (Campus).

Reiche, R. (2005): Nachwort. In: Freud, S.: Drei Abhandlungen zur Sexualtheorie. Reprint der 1905 erschienenen Erstausgabe. Mit einem Nachwort von Reimut Reiche. Frankfurt/M. (Fischer).

Rohde-Dachser, C. (1994): Männliche und weibliche Homosexualität. Psyche 48, 827–841.

Rupp, H. A. & Wallen, K. (2008): Sex differences in response to visual sexual stimuli: A review. Arch Sex Behav. 37, 2, S. 206–218.

Scharff, J. (2010): Die leibliche Dimension in der Psychoanalyse. Frankfurt/M. (Brandes & Apsel).

Schmidt, G. (1986): Das große Der, Die, Das. Über das Sexuelle. Herbstein (März-Verlag).

Schmidt, G. (2001): Paartherapie bei sexuellen Funktionsstörungen. In: Sigusch, V. (Hg.): Sexuelle Störungen und ihre Behandlung. Stuttgart (Thieme).

Schmidt, G. (2004): Das neue Der Die Das. Über die Modernisierung des Sexuellen. Gießen (Psychosozial-Verlag).

Schmidt, G. (2005): Kindersexualität – Konturen eines dunklen Kontinents. In: Burian-Langegger, B. (Hg.): Doktorspiele. Die Sexualität des Kindes. Wien (Picus), S. 114–128.

Schmidt, G.; Klusmann, D. & Zeitschel, U. (1992): Veränderungen der Jugendsexualität zwischen 1970 und 1990. Zeitschrift für Sexualforschung 5, 191–217.

Schmithüsen, G. (2012): Von der Schwierigkeit, über die Liebe zu reden. Psyche 66, 193–212.

Schnarch, D. (2011): Intimität und Verlangen. Sexuelle Leidenschaft wieder wecken. Stuttgart (Klett-Cotta).

Schorsch, E. (1985): Perversion als Straftat. Psychodynamik und Therapie. Berlin (Springer).
Schorsch, E. (1988): Die Medikalisierung der Sexualität. Über Entwicklungen in der Sexualmedizin. Zeitschrift für Sexualforschung 1, 95–112.
Schweizer, K. & Richter-Appelt, H. (Hg.) (2012): Intersexualität kontrovers. Grundlagen, Erfahrungen, Positionen. Gießen (Psychosozial-Verlag).
Sherfey, M. J. (1974): Die Potenz der Frau. Wesen und Evolution der weiblichen Sexualität. Köln (Kiepenheuer & Witsch).
Simmel, E. (1948): Alcoholism and addiction. Psychiat. Quart. 17, 6–31.
Socarides, C. W. (1978): Homosexuality. New York (Aronson).
Spitz, R. A. (1959): Eine genetische Feldtheorie der Ich-Bildung. Frankfurt/M. (Fischer) 1972.
Spitz, R. A. (1961): Some early prototypes of ego defenses. In: ders.: Vom Dialog. Stuttgart (Klett-Cotta) 1976, S. 238 –257.
Spitz, R. A. (1962): Ein Nachtrag zum Problem des Autoerotismus. In: ders.: Vom Dialog. Stuttgart (Klett-Cotta) 1976, S. 27–65.
Stoller, R. (1975): Perversion. Die erotische Form von Haß. Reinbek (Rowohlt) 1979.
Torok, M. (1974). Die Bedeutung des »Penisneids« bei der Frau. In Chasseguet-Smirgel, C. (Hg.): Psychoanalyse der weiblichen Sexualität. Frankfurt/M. (Suhrkamp), S. 192–232.
Welldon, E. V. (1992): Mutter, Madonna, Hure. Verherrlichung und Erniedrigung der Mutter und der Frau. Waiblingen (Bonz).
zur Nieden, S. (2004): Weibliche Ejakulation. Gießen (Psychosozial-Verlag).